志愿服务丛书
VOLUNTEER SERVICE SERIES

助老志愿服务

ZHULAO ZHIYUAN FUWU

主编◎刘　海

南京出版传媒集团
南京出版社

图书在版编目（CIP）数据

助老志愿服务 / 刘海主编 . -- 南京 : 南京出版社
（志愿服务丛书）
ISBN 978-7-5533-3586-5

Ⅰ . ①助… Ⅱ . ①刘… Ⅲ . ①老年人－工作－志愿者
－社会服务－中国 Ⅳ . ① D669.6

中国版本图书馆 CIP 数据核字（2021）第 276237 号

丛 书 名　志愿服务丛书
书　　名　助老志愿服务
主　　编　刘　海
出版发行　南京出版传媒集团
　　　　　南 京 出 版 社
社址：南京市太平门街53号　　邮编：210016
网址：http://www.njcbs.cn　　电子信箱：njcbs1988@163.com
联系电话：025-83283893、83283864（营销）　025-83112257（编务）

出 版 人　项晓宁
出 品 人　卢海鸣
责任编辑　张　龙
装帧设计　王　俊
责任印制　杨福彬

排　　版　南京新华丰制版有限公司
印　　刷　南京鸿图印务有限公司
开　　本　787毫米 × 1092毫米　1/16
印　　张　8.75
字　　数　138千
版　　次　2023年1月第 1 版
印　　次　2023年1月第 1 次印刷
书　　号　ISBN 978-7-5533-3586-5
定　　价　28.00元

总 序

※

习近平总书记指出："志愿服务是社会文明进步的重要标志。党的十八大以来，广大志愿者、志愿服务组织、志愿服务工作者积极响应党和人民号召，弘扬和践行社会主义核心价值观，走进社区、走进乡村、走进基层，为他人送温暖、为社会作贡献，充分彰显了理想信念、爱心善意、责任担当，成为人民有信仰、国家有力量、民族有希望的生动体现。"

作为中国志愿服务事业的重要组成部分，青年志愿服务事业是党领导的共青团在新的历史条件下创新工作领域、服务社会需求的一大创举，极大地鼓励了亿万青年投身志愿服务的行列。为了进一步推动青年志愿服务事业的发展，弘扬志愿精神，宣传志愿文化，规范志愿服务组织和队伍的建设，共青团江苏省委根据共青团中央《中国青年志愿者行动发展规划（2014—2018）》和《关于加强青年志愿服务培训工作的方案》的有关要求，依托江苏省青年志愿者协会高校志愿服务专业委员会，结合志愿服务的工作实践，策划、编写了这套志愿服务丛书。

作为国内首套全方位、多领域、成体系指导志愿服务工作的丛书，其具有以下三个特点：

第一，权威性。本丛书自策划之始，严格按照共青团中央《中国青年志愿者行动发展规划（2014—2018）》和《关于加强青年志愿服务培训工作的方案》相关要求，结合纷繁复杂的具体情况，进行理论升华，构建了一个既有严密理论基础，又有广泛实践支撑的编写体例，保证了丛书的科学性和权威性。

第二，系统性。本丛书的编写过程是对青年志愿服务工作有关的内容加以系统化、规范化的创新工程。相比之前其他地区或部门总结的相关经验，本丛书无论是实践工作的横向跨度，还是理论支撑的纵深度，均体现出由点及线，再由线到面的系统性和专业性。

第三，实用性。本丛书包括通识类和分领域两个系列。其中分领域志愿服务涉及扶贫、环保、助残、关爱行动等热点领域。如何让更多的青年志愿者在相对有限的时间内了解并掌握服务宗旨、服务内容、服务技能等知识，对于志愿服务项目的成功与否具有决定性的影响。本丛书的编写者均为具有丰富志愿服务活动组织、协调、推广经验的高校教师，了解组织志愿服务活动的关键“穴位”，更具有举一反三、提纲挈领的总结归纳能力。因此，本丛书极具实用性，可以作为青年志愿者参与各类志愿服务活动的实践指南。

希望本丛书的编写、出版，能够进一步加强教育引导，强化广大青年志愿者的志愿服务意识，提升专业领域志愿服务水平，为今后青年志愿服务事业的蓬勃发展奠定良好的基础。希望青年志愿者努力践行社会主义核心价值观，以实际行动书写新时代的雷锋故事，以青春梦想、用实际行动为实现中国梦做出新的贡献。

前　言

※

志愿服务是社会文明进步的重要标志，是我国社会主义现代化建设的重要力量，是加强精神文明建设、培育和践行社会主义核心价值观的重要内容。习近平总书记对志愿服务工作寄予厚望，他勉励志愿者和志愿服务组织、志愿服务工作者要立足新时代、展现新作为，弘扬“奉献、友爱、互助、进步”的志愿精神，继续以实际行动书写新时代的雷锋故事。

第七次全国人口普查显示，全国60岁及以上人口占人口总数的18.70%。人口老龄化程度加深，进一步引发全社会对养老问题的关注，而社区在应对老龄化过程中也必将发挥越来越重要的作用，社区养老在养老服务体系中的作用和地位也越来越重要。作为社区养老资源中的一个重要组成部分，志愿服务是社区养老能否发挥作用的一个重要因素。因此，科学、高效、有序地开展助老志愿服务，具有鲜明的时代价值和现实意义。

为了能够翔实清晰地阐述助老志愿服务的相关内容，本书从理论和实务两个维度架构全书的编写体例。

其中，理论部分主要介绍与助老志愿服务相关的基本概念，老年人生活现状和需求分析以及特殊老年人群体分析，现阶段老年人的社会保障状况及问题，助老志愿服务的内容、类型与目标等内容。

实务部分主要着眼于助老志愿服务的工作方法、工作技巧、服务开展的过程，以及助老服务志愿组织基本架构，助老服务志愿者的管理与培训、规划与分析、招募与选拔、督导与评估、保障与激励等内容。

敬老、养老、助老是中华民族的传统美德。希望本书的出版，能够让更多的读者进一步了解助老志愿服务，让更多志同道合的志愿者加入助老志愿服务的行列，用心用情为老年人服务，不断传递"奉献、友爱、互助、进步"的志愿精神，用爱的力量共同营造社会文明实践新风尚。

目录

第一章　助老志愿服务的基本概念

※

第二章　认识老年人

※

第三章　助老志愿服务的内容

※

第四章　助老志愿服务的类型与目标

※

第五章　助老志愿服务的工作方法与技巧

※

第六章　助老志愿服务的开展过程

※

第七章 助老服务志愿者管理

※

第一章

助老志愿服务的基本概念

本章主要介绍了助老志愿服务的基本概念，包括助老志愿服务的概念及功能。本章为后续章节的内容奠定了理论基础和概念框架，有助于大家更好地理解助老志愿服务的内涵。

第一节　助老志愿服务的基本概念

※

一、助老志愿服务的概念

《志愿服务条例》指出，志愿服务是指志愿者、志愿服务组织和其他组织自愿、无偿向社会或者他人提供的公益服务。开展志愿服务，应当遵循自愿、无偿、平等、诚信、合法的原则，不得违背社会公德、损害社会公共利益和他人合法权益，不得危害国家安全。

随着人口老龄化的加剧，老年人口数量与养老服务资源之间的矛盾日益突出，老年人群体涌现出各类社会服务需求，以期政府和社会能够对此做出及时的回应，助老志愿服务也因此应运而生。在本书中，我们这样界定助老志愿服务：助老志愿服务指的是志愿者、志愿组织或者其他组织旨在帮助因各种原因而陷入生活贫困、精神世界匮乏、身体残疾和各种疾病的老年人改善其生活条件、丰富其精神文化活动、预防和抵御各类生理疾病，不以获取报酬为目的的，增进老年人各类福利的公益性活动。

二、助老志愿服务的主要功能

（一）为老年人提供物质支持

由于社会结构调整、家庭或者个人的一些原因，有些老人可能会一时或长时间陷入贫困，在这种情况下，物质支持对于老人来说是第一位的。志愿者们可以联系某些社会资源，帮助他们在合法的条件下获得某种物质支持，在某种程度上解决其生活方面的困难。比如：通过与非营利组织、社会服务机构的连接让他们得到某些免费的服务等等。

（二）为老年人提供心理支持

某些老年人生活上陷入困境，在很多情况下，并不是由于经济原因所导致的，而是因精神方面的匮乏和心理上的不适所造成的。志愿者们可以通过对老年人进行心理疏导，帮助他们认识压力、缓解压力，积极应对生活上的挑战，也可以通过建立社会支持网络给他们以心理支持。在现代社会，生活节奏越来越快，社会转型给人们的生活带来前所未有的冲击，在这种情况下，老年人产生一些心理不适是很正常的，作为志愿者，要帮助老人缓解心理压力，减轻心理紧张以及孤独感。

（三）帮助老年人融入社会，建立社会关系支持网络

随着老年人离开原来的工作岗位，社会关系相较于之前有了很大的波动，许多社会关系出现断结，而新的社会关系又难以在短时间内得以建立。子女离家、丧偶等会对老年人精神世界产生一定程度的冲击，加剧他们的孤独感，无论是社会关系还是家庭关系，对老年人来说都是敏感而脆弱的。因此，志愿者可以组织开展多种帮助老年人融入社会、扩展人脉、重构社会关系网络的活动。

第二节　助老志愿者的基本概念

※

一、助老志愿者的概念

志愿者这一名称起源于西方，它是指不受私人利益的驱使、不受法律强制，在不为任何物质报酬的情况下，基于某种道义、信念、良知、同情心和责任感，为改进社会而提供服务，贡献个人的时间、才能及精神，从事社会公益事业的人或人群。[①]在香港，志愿者被称为“义工”，香港义务工作发展局将“义工”定义为不受任何物质报酬的情况下，为改进社会而提供服务，贡献个人时间及精神的人。联合国则将志愿者定义为“自愿进行社会公共利益服务而不获取任何利益、金钱、名利的活动者”，具体指在不为任何物质报酬的情况下，能够主动承担社会责任而不获取报酬，奉献个人时间和行动的人。《志愿服务条例》指出，志愿者，是指以自己的时间、知识、技能、体力等从事志愿服务的自然人。

基于以上定义，可以总结志愿者最大的特点是：无私奉献的精神；不为任何物质与私人利益的精神；服务社会的精神。结合中国自身的实际情况，志愿者可以被认为是“在自身条件许可的情况下，参加相关团体，在

① 张钟汝，顾青．助老服务志愿者手册 [M]. 北京：中国社会出版社 ,2008.

不谋求任何物质、金钱及相关利益回报的前提下，在非本职职责范围内，合理运用社会现有的资源，服务于社会公益事业，为帮助有一定需要的人士，开展力所能及的、切合实际的，具一定专业性、技能性、长期性服务活动的人。”

助老服务志愿者是经过助老专项培训、专门为老年人提供服务的志愿者，也可称为为老服务志愿者，属于社区志愿服务的范围。因此，助老服务志愿者可以被认为是这样一群人：他们在不谋求任何物质、金钱等私人利益的前提下，经过助老服务专项培训，具备一定的专业服务技能后，合理运用社会上现有的助老资源，自愿为有需要的老年人群体提供帮扶服务。

助老服务志愿者可能来自于各行各业，分布于世界各地，但他们也具有共同的特征，就是自愿为社会上的老年人提供一些力所能及的服务和帮助，他们不会苛求从社会中获得什么，因为他们的付出是发自内心的，是出于某种责任感、信念、价值观而促使的行为。他们开展志愿活动的目的和最高追求就是提高老年人群体的生活质量，感恩回馈社会，为创建和谐社会而奋斗。

二、助老志愿者的类型

按照助老志愿者的年龄段，可将助老志愿者划分为少年助老志愿者、青年助老志愿者、中年助老志愿者及老年助老志愿者[①]，他们从事助老志愿服务都有不同的注意事项。

（一）少年助老服务志愿者

青少年从事助老服务，不仅可以培养自身尊老爱老的品格，也会让老人感受到温馨和被关怀。在服务的过程中，良好的双向互动还可以促进彼此的双向社会化，下一代人可以向上一代人传播新的知识、技能，传播新的价值观和行为规范，令老年人不至于与社会脱节；上一代人也能向下一代人传递历史文化和实施教化，让青少年更能理解历史和老年人群体。

① 张钟汝，顾青．助老服务志愿者手册 [M]. 北京：中国社会出版社 ,2008.

（二）青年助老服务志愿者

随着人类社会进入信息时代，信息科技在生活中扮演着越来越重要的角色，也改变了我们的生活方式，为我们的生活带来的无限的便捷，传统的生活方式和生活工具也逐渐被新型科技所取代。青年志愿者作为新型科技的引领者、使用者，在助老志愿服务过程中，可以利用自身优势，带领老年人感受新型科技带来的便利和乐趣，帮助老年人提升生活质量。

（三）中年助老服务志愿者

中年助老志愿者比起青少年志愿者，虽然没有年龄、精力上的优势，但中年人的人生经验是非常丰富的，心理年龄也是最贴近老年人的，他们和老年人之间有更多的共同话题，并且中年助老志愿者也有更多的空闲时间投身到助老志愿服务中来。作为关爱和照顾老年人的中坚力量，中年志愿者也更讲究奉献精神，有的时候甚至会把老年人当作自己的长辈看待照顾。

（四）老年助老服务志愿者

老年人因为对老人群体的了解程度更高，所以成为助老志愿者就有着得天独厚的优势。不少老年人年轻时有追求、有理想、有事业、有成就感，有自己激情燃烧的岁月，不停地奋斗，可一旦退休，就觉得自己一无是处，对社会没有什么价值，年纪大了，精力也跟不上了，往往无法适应新环境和新的角色，当接受不了这样的落差时，就容易产生孤独感和失落感。所以，如果条件允许的话，让老年人从事助老志愿服务，相互帮助，继续发挥余热，为社会作贡献，不仅能够更好地满足服务对象的需求，也能达到助人自助的目的，提升自我价值。

第三节　助老志愿服务组织的基本概念

※

一、助老志愿服务组织的概念

《志愿服务条例》指出，志愿服务组织是指依法成立，以开展志愿服务为宗旨的非营利性组织。志愿服务组织是志愿服务的重要主体，是汇聚社会资源、传递社会关爱、弘扬社会正气的重要载体，是形成向上向善、诚信互助社会风尚的重要力量。伴随着中国特色社会主义历史进程，我国志愿服务事业快速发展，志愿服务组织不断涌现，其对促进志愿服务活动广泛开展，推进精神文明建设、推动社会治理创新、维护社会和谐稳定发挥了重要作用。

助老志愿服务组织是指依法成立的，以开展敬老、爱老、助老志愿服务为宗旨的非营利性组织。助老志愿服务组织是志愿服务组织中的中坚力量，助老志愿服务组织网络的构建和完善，对于弘扬敬老爱老传统美德，推动养老扶老服务多元化，架起老年人与其他社会群体之间互帮互助的桥梁，促进老有所享、老有所乐、老有所为等方面有着重要作用。

二、助老志愿服务组织的主要特点

（一）组织成立和管理合法合规

助老志愿服务组织应依法登记注册，有准确、完整的名称、场所、负责人和机构设置等。助老志愿服务组织应依据章程建立健全独立自主、权责明确、运转协调、制衡有效的内部治理结构，应具备完善组织决策、执行、监督制度和内部议事规则，应建立健全人、财、物管理制度和内部信息披露制度，准确、完整、及时地向社会公开组织的名称、场所、负责人、机构设置等基本情况，公开年报公告、财务收支、捐资使用、服务内容、奖惩情况等重要信息，主动接受登记管理机关的监督管理和社会监督，努力提升志愿服务组织的社会公信力。有会员单位或分支机构的，还应指导其加强内部管理。

（二）组织发展非营利性

助老志愿服务组织不以营利为目的，其管理运作并不是为了产生经济利益，其所提供的服务具有公共性、自愿性、无偿性、公益性等特征。助老志愿服务组织可通过承接公共服务项目、积极参加公益创业和公益创投、争取政府补贴与社会捐赠等多种途径，妥善解决志愿服务运营成本问题，为组织持续发展提供动力。助老志愿服务组织应充分发挥社会性、志愿性、公益性、非营利性的特点，牢固树立项目意识、品牌意识，不断提升战略谋划、项目运作和宣传推广能力，通过优秀的服务项目和服务品牌争取各方资源，吸引资助者。任何组织和个人不得强行指派志愿者、志愿服务组织提供服务，不得以志愿服务名义从事营利性活动。

（三）组织服务聚焦老年人

助老志愿服务组织开展志愿服务的对象是老年人这一特殊群体，因此，应主动研究老年人的特点，根据实际需求，遵循发展规律，分层分类设计服务项目，有针对性地开展助老志愿服务活动，切实使服务对象受益。各类助老志愿服务组织应明确定位、强化管理，提升能力、突出特色，创新方式、拓展领域，有效释放创造力和生产力，不断提高助老志愿服务专业化、科学化水平。助老志愿服务组织应充分发挥志愿服务复制灵活度高、创新性强的特点，推广“菜单式”志愿服务。助老志愿服务组织还要强化专业知识和技能培训，不断提高志愿者的能力素质，通过规范招募、科学管理、创新服务，培养、吸引和留住优秀志愿者，以更好地为社会服务。

思考与讨论

1. 什么是助老志愿服务？助老志愿服务的功能有哪些？

2.助老志愿者的定义是什么？主要有哪些类型？

3.什么是助老志愿服务组织？主要开展哪些工作？

4. 你参加过哪些志愿服务活动？请谈一下你对志愿服务活动的看法？

第二章

认识老年人

本章主要介绍了老年人的生理和心理特点、老年人的物质生活现状和精神生活现状、老年人的各类需求，包括生理需求、安全需求、爱与归属的需求、尊重的需求、自我实现的需求等。除此之外，还介绍了现阶段老年人的社会保障状况及问题，包括社会养老保险的基本发展状况、低收入老年人的社会保障总体现状以及老年人社会保障面临的主要问题。最后，就几类特殊老年人群体，包括残疾老年人群体、独居丧偶老年人群体、空巢老年人群体、特殊疾病老年人群体所面临的困难加以分析。

第一节　老年人概述

※

一、老年人的界定

老年是人生的最后一个阶段，每一个人都将经历从婴儿到童年、青年、中年、老年的过程。我们把进入老年期的人称为老年人，即达到或超过老年年龄的人。那么，老年人的界定标准是什么呢？一般而言，依个人的年龄可以分为日历年龄、生理年龄、心理年龄和社会年龄。那么，到底应该用哪种年龄标准来界定老年人和进入老年期的起点年龄呢？对于大多数个体而言，日历年龄、生理年龄、心理年龄和社会年龄发展基本同步；另一方面，由于四种年龄中日历年龄最具操作性，可以进行统计与对比，因此，国内外通常以日历年龄来界定老年人。

目前国际通用的是把日历年龄60岁或65岁作为老年期的标准起点年龄。《中华人民共和国老年人权益保障法》就明确表示老年人是指60周岁以上的公民。

二、老年人的特点

（一）老年人的生理特点

老年人在外形特点上，呈现出头发数量减少并花白的现象，皮肤松弛，脊柱变短并逐渐弯曲，身高降低，牙齿脱落，耳聋眼花现象增多。生理特点上，心脑血管疾病多发，呼吸功能明显退化，肠道消化功能减退，肌肉力量不断减弱，关节不断衰老，容易发生跌倒现象，大脑逐渐萎缩，脑重量减轻，神经中枢机能衰退等。

（二）老年人的心理特点

失落感。青壮年时期是一个人人生的重要时期。这一时期中，他们生活目标明确，社会角色鲜明，充满着希望和乐趣。但是随着岁月的流逝，步入老年期的人不再扮演过去的社会角色，长期赋闲在家，极易产生失落感，主要表现为：焦虑、抑郁、沉默寡言、急躁等。

孤独感。老年人体力不支，行动不便，这会导致他们与之前的社会网络产生断结，另外，有些老年人由于丧偶、独居、退休等原因使孤独感更加强烈。某机构对一社区老年人孤独感研究表明，虽然只有一小部分（7%—9%）老年人有严重孤独感，但不少于三分之一的老年人在生活中有某种程度的孤独感。[①]

抑郁。生理上的老化现象日趋明显，往往会给老年人心理上带来一定程度的不适感，生活中较多的重大变故和消极认知，都是导致老年人抑郁的主要原因。有抑郁情绪的老年人表现出强烈的自卑感，遇事自我责备和自我贬低，严重影响其正常的生活。

三、老年人的生活现状

（一）老年人的物质生活现状

城市老年人在退休后基本上都享有养老金，加上中国人普遍的储蓄习惯，大部分城市老年人养老的基本经济保障问题不突出，老年人的消费多

---

① 赖运成．老年孤独感的研究进展 [J]. 中国老年学杂志，2012.32(11):2429.

数集中在衣、食、行、保健等方面。城市中，那些没有养老金、没有经济来源的老年人通常生活质量相对比较低，但他们基本上已经被纳入国家的基本保障体系中，在生存方面不存在很大的障碍。农村老年人大多以种地为生，随着年龄的增长，不能再从事繁重的体力劳动，也不能像城市老年人那样退休，享受国家发给的养老金，养老主要靠家庭赡养。

（二）老年人的精神生活现状

如今城市中还存在很大一部分老人，他们的精神生活非常匮乏，其中空巢老人、独居丧偶老人、有严重疾病的老年人在心理上最渴望情感的关怀，但因出自内心的自卑不敢提出这些方面的要求，他们需要更多子女的关爱和亲人的关注。农村老年人的精神文化娱乐生活原本就不多，但因大部分老人有子女在身边，此种问题还能得到一定程度的缓解。但是随着经济的发展和人口政策效应的显现，今后农村的空巢老人比例也将不断扩大。

四、老年人的各类需求分析①

（一）生理需求

衣食住行的需求。随着社会的进步，生活水平和质量的提高，许多老年人的衣食住行已经不再满足于以往标准，新的需求的满足需要社会和家庭共同来应对。许多老年人对着装的要求也更高了，不仅要求舒适得体，更要端庄大方。饮食方面，老年人也更加重视科学饮食。住房方面，要求宽敞舒适、采光通风好等。在出行方面，更加注重交通便捷、安全等。

性需求。老年人的性欲和性行为相比与青年和中年人有所下降，但老年人也有性需求，需要适度的性生活，对此，应当给予理解和尊重，需要正视老年人的性需求，不要妄加非议。

健康长寿的需求。人到老年，体能和精神都会有所下降，会引发慢性、难愈的病症。这会导致老年人出现恐惧疾病、死亡的现象，甚至避讳谈及此类话题。他们渴望长命百岁。健康需求会促使老年人锻炼身体、充

① 姚蕾 . 老年人服务与管理概论 . 北京：清华大学出版社，2018, 28–37.

足睡眠和平衡身心。

（二）安全的需求

财产安全需求。财产需求是老年人对自己财产的占有、使用、收益和处分的需求。老年人要尽量享有对自己财产的掌控权，不要太过节俭，也不可花钱大手大脚，要不断增强对各类“财产骗局”的识别能力。

社会保障需求。社会保障包括养老、医疗等社会保险。对于老年人来说，最重要的是养老和医疗保险。政府和社会要积极保证老年人能够看得起病，吃得上药，真正做到使老人“老有所养，老有所依”。

人身安全需求。广义的人身安全指的是个体或家庭成员的生命、健康、自由、人格等方面的安全。狭义上的人身安全指的是作为自然人拥有身心安全，不受各类威胁的权利。

（三）情感与归属的需求

情感的需求。情感的需求包括两性亲密、家庭亲情和社会关爱。两性亲密又包括配偶需求和求偶需求。老年人身体状况呈现出衰老趋势，更加渴望有人能够经常陪伴着自己，照顾自己；丧偶或者离异的老年人生活比较寂寞，有再次寻求配偶的情感需求，应当予以理解和支持。家庭亲情包括依赖需求和和睦需求。社会关爱则是希望政府部门能够加快出台助老政策，给予老年人更多的关爱与照顾。随着我国老龄化进程的加快，老年人群体需要被给予更多的爱心、耐心与关注。

归属的需求包括友情与社会交往。首先，老年人退休之后，由于与社会上的人和事接触大大减少，常常会感到孤寂感，觉得生活索然无味，所以，他们需要经常与周围同龄朋友交流和交往，比如：打电话，串门，参加相关活动等。其次，老年人退休之后，离开了原来的社会环境，也容易产生孤独感，还需要与外界进行交往。在与老年人进行情感方面的交流的时候，应当在情感态度上有所注意，比如：察言观色、心平气和、真心实意等等。

（四）尊重的需求

尊重。尊重包括自尊、他人尊重、尊重他人。自尊是个体基于自我评价而产生的一种自我尊重、自爱自尊，且要求得到他人和集体的尊重的情感体验。老年人一般偏重于自尊心强、爱面子。他人尊重指的是老年人希望得到伴侣的关爱、儿孙的孝敬、朋友的理解、原单位的尊敬、社会的敬重等等。为了得到别人的尊重，日常生活中，老年人也需要尊重他人的心理和行为习惯，多为别人着想。

自信。自信亦称为自我效能感，体现出一种自我评价的积极态度。老年人同样需要自信，但不可妄自尊大或妄自菲薄，老年人要接纳身体和精神的现状，有明确的自我认知，切勿不服老或自我否定。

成就。老年人对成就感有持续的追求，不仅立足于过去，而且着手于现在，还着眼于未来。他们基于自己已取得的成绩，不断完成自己能干的事情，愿成全或者造就他人，渴望成为一个集个人成就、团队成就和社会成就于一体的老人。

（五）自我实现的需求

学习。老年人在一定程度上是渴望学习的，根据社会需要和个人兴趣，他们希望学习到科学知识，了解慢性病、多发病等方面的防治，以及心理保健、饮食和运动等方面的指导。“老有所学”让老年人既能够掌握到本领又能够从中陶冶情操，有益于身心发展。

工作。老年人渴望工作，有的老人希望发挥自己的余热，有的老人是为了填补内心的空虚，还有的老人是为了完成未实现的心愿等。无论出于何种原因，老年人再就业，一定要清楚这项工作是否超出了自己的能力范围，是否存在着潜在危险。如果能够被原单位返聘，或者将自己的业余爱好开发为新的工作领域，则会有更大的优势。

奉献。老年人的自我实现除了上述几种还有奉献社会的需求，以丰富自己的人生，提升自己的境界。经历了大半个人生，老年人在一定程度上领悟到自己对社会的价值所在，希望通过自己的努力为社会做出自己应有的贡献，同时提升自我的境界。比如：参加到社区活动的组织中去，根据自己的阅历帮助和指导更多的年轻人。

第二节　现阶段老年人的社会保障状况及问题

※

一、老年人社会保障基本情况

近年来，我国老年人口数量及占全国总人口比重在逐年提高。截至2020年11月1日，全国60周岁及以上老年人口26402万人，占总人口的18.7%，其中65周岁及以上老年人口19064万人，占总人口的13.5%。

2016—2020年60周岁及以上老年人口及其占全国总人口比重

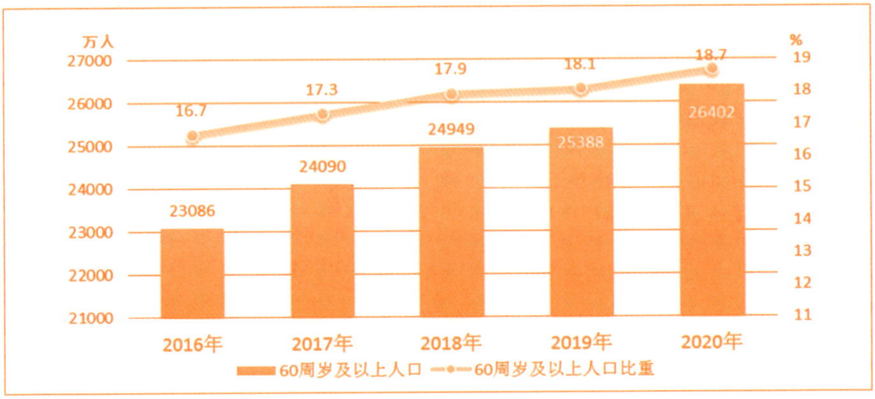

注：本图资料来源于国家统计局。

我国老年人的社会保障体系主要包括社会保险制度、社会福利制度、社会救助制度、老年福利和公益慈善事业四个方面。2020年中国基本养老保险参保人数达9.9865亿人，较2019年增加了0.3111亿人，同比增长3.2%。2020年全国基本养老保险基金收入49229亿元，基金支出54656亿元，年末基本养老保险基金累计结存58075亿元。2020年年末全国有10.5万户企业建立企业年金，参加职工2718万人，企业年金积累基金22497亿元。我国启动职业年金基金市场化投资运营，2020年末投资规模1.29万亿元，全年累计收益额1010.47亿元。截至2020年底，全国共有3853.7万老年人享受老年人补贴，其中享受高龄补贴的老年人3104.4万人，享受护理补贴的老年人81.3万人，享受养老服务补贴的老年人535.0万人，享受综合老龄补贴的老年人132.9万人。全国共支出老年福利经费385.7亿元，养老服务经费131.3亿元。

二、老年人社会保障面临的主要问题分析

（一）老年人收入来源较少，结构较为单一，社会保障及经济自养能力不足

从2016年《中国老年社会追踪调查（CLASSA）》的数据来看，我国老年人生活来源较少，结构较为单一，以退休金和养老金，以及家庭成员供养和自己劳动所得为主要生活来源的老年人占到了全部老年人的86.4%。以个人财产性收入作为其主要生活来源的比例非常低，仅为1.6%。

（二）老年人收入来源的群体差异较大，弱势群体的社会保障明显不足

《中国城乡老年人生活状况调查报告2014》数据显示，2014年我国城市老年人平均收入23930元，农村老年人平均收入7621元。城市老年人收入中，保障性收入占79.4%，农村老年人收入中保障性收入占36%。城市老年人男性平均收入为29570元，女性平均收入为18980元，女性收入相当于男性收入的64%；农村男性老年人收入平均为9666元，女性平均为5664元，女性收入相当于男性收入的59%。城市受过高等教育的老年人收入最高，为63464元，其他依次是受过中等教育、初等教育的老年人，未上过学的老年人收入最低，为11563元。农村受过高等教育的老年人收入最高，为33799

分年龄、性别、城乡的老年人生活来源情况（%）

生活来源	合计	年龄组			性别		城乡	
		60-69	70-79	80及以上	男性	女性	城市	农村
自己的离/退休金/养老金	46.18	42.71	51.59	47.16	51.47	41.07	71.93	17.22
子女的资助	21.68	16.08	24.55	36.95	16.31	26.87	12.08	32.48
自己劳动或工作所得	16.12	23.92	8.76	2.72	19.76	12.61	5.49	28.08
政府/社团的补贴/资助	5.76	4.23	7.44	7.84	5.13	6.37	3.47	8.33
配偶的收入	5.06	6.47	3.83	2.43	1.23	8.76	4.85	5.31
房屋、土地等租赁收入	2.47	3.48	1.48	0.80	3.18	1.78	0.64	4.52
以前的积蓄	1.68	2.06	1.27	1.14	2.03	1.34	0.86	2.60
其他	0.76	0.82	0.72	0.64	0.66	0.87	0.60	0.95
其他亲属的资助	0.28	0.22	0.36	0.31	0.23	0.33	0.08	0.50

数据来源：中国老年社会追踪调查（CLASS），中国人民大学老年学研究所，2016

元，最低为未上过学的老年人，收入为5558元。《中国老年社会追踪调查（2016年）》的数据显示，城市地区的老年人群依靠自己的养老金养老的比例远高于农村地区老年人，分别为71.93%和17.22%。我国农村老年人、女性老年人以及高龄老年人的收入来源结构不合理，依靠家庭成员养老的比例过高，社会保障的比例也很低，依靠个人财产养老的比例极低。特别是广大农村老年人，依靠家庭成员和自己劳动养老的比例明显高于其他老年群体，个人财产和社会保障严重不足，仍然是社会保障支持中最为脆弱的人群。

（三）社会养老保障水平偏低，制度建设面临诸多问题及困难

在我国农村地区，社会养老保障短缺以及现有保障水平较低的问题最为突出，《中国老年社会追踪调查（2016年）》的数据显示，约50%的农村老年人养老金低于60元，农村老年人难以依靠基础养老金生活。长期以来，农村老年人主要通过非正规机制得到照顾，新的社会养老保障方案还没有起到很好的替代作用，这类问题在短时期内很难彻底解决，需要从扩大覆盖面和提高保障水平两方面加大工作力度。

第三节　特殊老年人群体分析

※

一、残疾老年人群体

（一）全国残疾老年人概况

据第二次全国残疾人抽样调查公报，在我国8269万残疾人口中，60岁以上的残疾人约有4416万人，占残疾人总数的53.24%。在残疾老年人中，各年龄段残疾人口占残疾老年人总人数的比例依次是：60—64岁为15.08%，65—69岁为18.84%，70—74岁为23.13%，75—79岁为20.60%，80—84岁为14.09%，85岁以上为8.26%。[①]60岁以上的残疾老年人在视力残疾、听力残疾、言语残疾、肢体残疾、智力残疾、精神残疾以及多重残疾等各个残疾类别在总人口中的比重依次为：68.96%、76.87%、20.44%、44.69%、10.02%、19.58%及53.47%。[②]

（二）残疾老年人所面临的困境

1. 经济贫困的困境

第二次全国残疾人抽样调查数据显示：有275万城镇残疾人口享受到当地

① 第二次全国残疾人抽样调查办公室、第二次全国残疾人抽样调查主要数据手册 [Z]. 北京：华夏出版社，2007.

② 戴卫东 . 我国重度残疾老年人状况及其社会保障 [J]. 中国卫生事业管理，2010,27(3):8–8.

居民最低生活保障，9.75%的城镇残疾人领取过定期或不定期的救济。在农村残疾人口中，有319万人享受到当地居民最低生活保障，占农村残疾人口总数的5.12%。11.68%的农村残疾人领取过定期或不定期的救济。农村老年人的生活费用绝大多数来源于子女的赡养费，这个比例远远高于城市残疾老年人的相应比例。

2. 长期护理缺乏的困境

由于我国残疾老年人保障制度尚未健全，各种类型的残疾老年人的护理问题大多还是由家庭来承担，而家庭成员又属于非专业化的护理人员，对护理问题及注意事项的了解不足，会直接造成残疾老年人护理问题的产生，严重的还会影响残疾人的康复与正常生活。

二、独居丧偶老年人群体

（一）独居丧偶老年人群体概况

独居丧偶老年人群体是指年龄在60岁以上独自居住的丧偶老年人。第六次全国人口普查数据显示，全国丧偶老年人口达4774万人，占老年人口的26.89%，其中女性丧偶老年人口有3345万人，丧偶比例为36.95%，丧偶男性老年人口有1419万人，丧偶比例为16.30%。老年女性丧偶比例明显高于男性，从分区域来看，农村老年女性丧偶人数最多，达到1983万人，占全国丧偶老年人口的41.76%。有研究预测表明，2010—2050年中国丧偶老年人口总量依然会快速增长，到2050年将达到11840万人，是2010年的2.5倍，其中女性丧偶人口总量达到9449万人，占到丧偶老年人的80%以上。①

（二）独居丧偶老年人群体所面临的困境

1. 心理健康方面的困境

在心理问题上，丧偶独居老年人的出现“老小孩”现象，老年人被压抑的低级本能开始“抬头”，出现许多令人费解的思维和行为；老年人因失去配偶经常性倍感孤寂、精神不振，对生活失去信心，出现焦虑、悲观、失落；长期的独居和信息的闭塞，导致脑衰弱综合征，表现为失眠多

① 王广州，戈艳霞．中国老年人口丧偶状况及未来发展趋势研究 [J]. 老龄科学研究 ,2013,1(1):44–55.

梦，注意力涣散，头痛眩晕等；居住在城市高层封闭式住宅中的丧偶独居老年人，深居简出，长期如此，导致身心的异常反应。

2. 社会支持方面的困境

社会支持是在个体面临困难或威胁时，可以为其提供精神上或物质上的帮助，是心理压力与心理障碍的中介因素之一。社会支持一方面对应激状态下的个体提供保护，即对应激状态起缓冲作用，另一方面对维持一般的良好情绪体验具有重要意义。独居丧偶老年人的社会支持远远低于非独老年人，不管是物质的还是精神的都比较缺乏。因此我们要加强独居丧偶老年人社会支持保障系统的建设。

三、空巢老年人群体

（一）空巢老年人群体概况

空巢老人指不与子女一起居住生活的老人，既包括失独老人，也包括与子女分开居住的老人。随着我国人口老龄化进程加速发展，预计到2040年60岁以上老年人人口占比将从2017年的17.3%增长到28%，空巢家庭大量增加，这种现象的出现导致老年人群体中出现了越来越多不容忽视的心理问题，空巢老人经历个人生命周期从中年期到老年期的转化，极易诱发各种身心问题。[①]

（二）空巢老年人群体面临的困境

1. 心理健康方面的困境

空巢老年人普遍存在“黄昏心理”和”自卑心理”，部分老人容易敏感多疑，对身边的事物总感到轻度厌恶，表现为发牢骚、指责，对生活失去乐趣；部分老年人因为子女工作离开家庭、离开朋友到子女所在的城市生活等原因，生活环境产生了改变，得不到子女、亲朋好友的关爱，不良的情绪长期得不到缓解而心情沉闷，导致抑郁症状发生率增加，严重的甚至会引发老年痴呆。在众多的空巢老年人躯体疾病当中普遍存在情绪障碍等心理问题。

① 卢慕雪，郭成．空巢老人心理健康的现状及研究述评 [J]. 心理科学进展，2013,21(2):263–271.

2. 社会支持方面的困境

空巢老人社会支持方面的困境主要有以下几点：政府对此扶持的政策和资金有限；养老机构不健全且“门槛”较高，很多空巢老人无法正常入住养老机构；来自社会、家庭和原单位的帮助和支持相对较少；与社会的脱节导致空巢老人无法顺利融入社会，造成空巢老人与社会的隔阂等。

四、特殊疾病老年人群体

（一）特殊疾病老年人群体概况

老年人特殊疾病大致有以下几类：慢性支气管炎、高血压、冠心病、糖尿病、老年痴呆症、脑中风、耳聋耳鸣、白内障、骨质疏松、老年性瘙痒症等等。疾病的反复发作既让老年人饱受病痛折磨，也给整个家庭带来沉重的照料负担。随着老龄化进程的加快，老年人口医疗保障问题将会愈发突出。

（二）特殊疾病老年人群体面临的困境

1. 医疗负担过重的困境

老年人的上述特殊疾病均具有持久、反复发作、护理要求较高等特点，这也就意味着医疗费用将会始终保持在较高的水平，对于一些非退休老人，特别是农村里的非退休老人，沉重的医疗费用将会大大增加整个家庭的生活负担。

2. 护理保健缺乏的困境

老年人的很多疾病具有突发性，对后期的护理要求比较高。社区疾病防控中心、社会医疗组织、大型医院对老年人特殊疾病的长期预防与治疗机制尚未完善，另外，老年人一般都是在疾病已经产生或者产生了一段时间后才选择救治与护理，疾病的预防与治疗不及时，会对之后的护理与康复产生重大消极影响。

实例分享2-1

“金晖行动”

自2017年“金晖助老”青春扶贫志愿者行动开展以来，团聊城市茌平县委积极行动，精准对接，联合茌平县扶贫办和“七彩年轮”“绿林协会”等爱心志愿团体，广泛发动青年志愿者，从老年人的实际需求出发，以家政服务、心理抚慰等为主要内容，积极投身到“金晖助老”行动中，进一步深化“金晖助老”志愿服务工作内涵，弘扬千年枣乡尊老敬老、爱老助老的优良传统。①

“金晖行动”包含三个部分：第一部分是精准筛选，200名青年志愿者二对一“结亲”100名贫困老人。其参考因素是年龄结构、家庭成员、致贫原因、生活健康状况等，精准筛选出100名贫困老人作为“金晖助老”受助对象，其中90%以上为无自理能力的失能老人。同时，按照服务时间有保证、对老年人有爱心、志愿服务有经验等要求，按照“两位志愿者结队帮扶一名老人”的原则，高标准选拔“金晖助老”志愿者200名。第二部分是长效举措，300张“爱心结对卡”架起志愿者和老人“连心桥”。据了解，团茌平县委详细制订了“金晖助老”——青春扶贫志愿者行动计划，按照分组结对情况和“爱心结对卡”联系方式，组织志愿者不定期到老人家中开展“拉一次家常、整理一次家务、清理一次个人卫生、维修一次家电、送一件过冬用品”为内容的“五个一”志愿服务活动。同时，利用微信公众平台开展微捐赠公益活动。第三部分是全局把控，7本“助老台账”动态“掌舵”青春扶贫志愿行动全过程。根据不定期的走访和慰问，建立了实时管理台账，按照“有进有出”的原则维持100名受助老人的基数不变。由于志愿者要经常走访结对老人，所以7本助老台账已经做到了实时更新，动态“掌舵”整个青春扶贫志愿者行动全过程。

我们可以从“金晖行动”中的得到几点启示：一是必须发挥各志愿组织的引导作用。二是必须充分发挥好、调动好广大志愿者的积极性，力争让每个参与的志愿者都能够获得相关活动信息。三是必须做好活动前的各项准备措施，注重宣传，加强活动管理，确保活动质量，巩固活动效果。

---

① 王国栋．青春助老，情暖夕阳 [J]. 中国共青团，2018,(002):65.

思考与讨论

1. 什么是老年人？谈谈你对老年人群体生活现状的理解？
2. 请你对如何解决老年人社会保障面临的主要问题提出自己的见解？
3. 谈谈你对本章所提及的几类特殊老年人群体面临的困境的理解？
4. 你参加过助老爱老志愿服务活动吗？如有，请谈谈你的感想。

第三章

助老志愿服务的内容

本章主要介绍了助老志愿服务的具体内容，包括助老日常生活志愿服务、生理健康志愿服务、心理健康志愿服务、社会关系和社会活动志愿服务，同时，也介绍了各类志愿服务应遵循的原则，为更好地开展志愿服务活动提供了重要的参考。

第一节　助老日常生活志愿服务的内容[1]

※

一、助老日常生活志愿服务的原则

（一）鼓励的原则

老年人由于疾病等原因而无法独立完成日常生活和活动时，需要护理人员提供部分协助或者完全护理服务。这使得老年人会对护理人员产生一定的依赖感，甚至由于老年人害怕孤独或者被忽视而要求得到他人更多的关爱与照顾，但是，对老人日常生活大包大揽的做法是不正确的。从事志愿服务活动的护理人员应当鼓励老年人发挥其自主性，最大程度上让老年人自主参与日常活动，护理人员可以只起到辅助、维持老年人自主生活能力的作用。

（二）尊重的原则

对老年人的尊重能够更好地得到老年人的配合与参与，要尊重老年人自决。考虑到老年人的特定文化、生活观念、生活习性、生活态度，为老年人制订有针对性的个体服务计划，并把握知会同意原则，尊重其意愿，不强求。

---

① 姚蕾．老年人服务与管理概论．北京：清华大学出版社，2018, 104–105.

（三）安全原则

在为老年人提供照料服务过程中，保障老年人的安全是首要原则。须特别注意老年人容易发生跌倒、坠床、交叉感染、服错药等安全问题，要时刻提防并在出现问题的时候采取有效措施及时处理，以保证老年人安全。

二、助老日常生活志愿服务的内容

（一）生活起居服务

生活起居服务内容包括调节室内温度、湿度、采光；穿衣和更衣，居家送餐服务，协助进食；休息睡眠服务；如厕排泄服务等。其目标是满足老年人基本生活需要，保障老年人尊严。

（二）清洁服务

清洁服务包括家庭个人卫生清洁，包括面部与头部清洁；身体沐浴；个人物品清洁等。做好个人清洁是让老年人保持相对有质量的晚年生活的一项重要内容，也是保障老年人个人尊严的一个基本条件。

（三）居室环境服务

居室环境服务包括对老人居住的居室、卫生间等场所进行通行、助浴、如厕等适老化改造，保持室内设施陈列安全、整洁。其目标是去除妨碍生活行为的因素，促进生活功能的提高，让老人感到安全与舒适。

（四）应急救援服务

应急救援服务包括安装紧急救援医疗呼叫器、烟感报警器等紧急救援服务设施，发生紧急情况时为老年人提供救援服务。其目标是防止意外突发事故，保护老年人生命安全。

第二节　助老生理健康志愿服务的内容[①]

※

一、助老生理健康志愿服务的原则

（一）全面性原则

全面性原则包含三方面的含义：一是指生理健康志愿服务的对象应该是全体老年人；二是指老年人生理健康是多层次的，既要对疾病进行预防和保健，又要保障老年人的诊治和康复；三是指老年人生理健康服务要覆盖老年期全过程。

（二）区域化原则

区域化原则是指以社区为基础来提供老年人生理健康服务。许多老年人其实更加愿意留在社区而不是养老机构或者医疗机构。因此，建立社区医疗服务保荐制度是十分必要的。

（三）费用分担原则

随着老龄化程度及老年人保健需求的日益提高，老年保健费用的筹集成为一个越来越严峻的问题。“风险共担”的原则越来越为大多数人所接受。我国正在探索国家、企业、个人三方共担的老年人多层次医疗保健体系。

---

① 姚蕾．老年人服务与管理概论．北京：清华大学出版社，2018, 106–108.

二、助老生理健康志愿服务的内容

人的需求是生理上对食物、水、氧气以及躲避伤害的要求和心理上对友谊、自尊、求知等的追求。[①]

（一）健康管理服务

健康管理服务是从生活习惯、饮食、环境等方面出发，通过体检、疾病评估、专家咨询等干预方式，对疾病进行早期预警，从而降低慢性病发生率的服务活动。其服务内容有：全面健康评估，建立健康档案，健康教育，慢性病管理与干预，安全用药指导等。其目标是增强老年人的自我保健意识，提升老年人健康素养水平。目标人群是全体老年人。

（二）医疗服务

医疗服务是为患病老年人开展紧急救治与抢救、疾病诊断治疗等专业医疗服务，由医院的医护工作者提供。服务内容是紧急治疗与抢救，疾病诊断治疗等。目标人群是患病老年人。

（三）护理服务

护理服务是综合运用专业护理知识，结合护理手段来解决老年人现存和潜在健康问题，保持和恢复老年人健康，保障老年人的尊严和舒适生活。其服务内容包括基础护理、疾病护理、临终护理。目标是增强老年人的自我照顾能力，延缓健康衰退及恶化，提高生命质量。目标人群是长期失能、半失能、临终、失智老年人。

（四）康复服务

老年人康复服务是由康复治疗护理人员运用康复知识和技术设备，使伤、残老人最大限度地得到恢复，提高生命质量。其服务内容是功能训练治疗、日常生活能力训练、并发症预防等。其目标是帮助老年人恢复生活能力。

---

① 时蓉华 . 社会心理学 [M]. 杭州：浙江教育出版社 ,1998, 66.

第三节　助老心理健康志愿服务内容[①]

※

一、助老心理健康志愿服务原则

（一）适应原则

心理健康强调人与环境能够能动地协调适应，尤其是社会环境中的人际关系能否协调，对心理健康尤为重要。人对环境的适应、协调，不仅仅是简单的顺应、妥协，还需要积极能动地对环境进行改造，以适应个体的需要或者改造自身以适应环境的需要。因而，需要老年人积极主动地调节环境与自身，减少环境中的不良刺激因素，调整人际关系，发挥自我潜能，以维护和促进心理健康。

（二）整体原则

每个个体都是身心统一的整体，身心相互影响。因此，通过积极的体育锻炼、卫生保健和培养良好的生活方式来增强体质和生理机能，将有助于老年人的生理健康。

（三）系统原则

人是一个开放的系统，和其所处的社会环境、文化环境、人际环境相

① 姚蕾．老年人服务与管理概论．北京：清华大学出版社，2018, 109–110.

互影响。老年人的生理健康需要去发挥自身的主观能动性，也需要家庭和社会群体的关爱。所以，在老年人生理健康维护方面，我们要从社会、文化、人际关系、自然环境等多个方面进行综合分析处理。

二、助老心理健康志愿服务的内容

（一）帮助老年人正确认识和评价衰老、健康和死亡

生老病死是人生的自然规律，健康长寿是人类追求的目标。我们应当帮助老年人深刻认识这些规律，面对现实，正确看待疾病和死亡，采取适当的就医策略，鼓励老年人与病魔进行顽强抗争，促进病情的稳定与恢复。只有这样，老年人才能够正确地对待生活中的苦与乐，抵制生活中的不健康生活观念。

（二）帮助老年人进行心理调节

老年人由于受到各种不良因素的影响，容易产生消极、悲观的情绪感受。比如：难忘自己过往事业中的业绩，悔恨以往所犯的错误，羡慕青年的广大前程，看不惯有些人的作为但又感觉无能为力等。面对如此状况，我们应开导老年人知足常乐，养成超脱的心态，培养他们的兴趣爱好，转移注意力，化解老年人的悲观消极心理。

（三）鼓励老年人勤于用脑

坚持适量的脑力活动，使脑细胞不断接受各种信息的刺激，对于延缓脑衰老，预防脑疾病具有重要作用。研究表明，对老年人的视力、听力、嗅觉能力进行刺激，可增强其感知能力，提高记忆能力，降低疾病的发生概率。

（四）为老年人提供心理咨询和治疗服务

对患有疾病的老年人进行心理疏导，激发老人战胜疾病或者困难的勇气和信心，对于老年人来说至关重要。我们可以采取心理暗示和疏导排泄的方法，对老年人进行抚慰治疗，或者把时间交给老人，让其发泄心中的苦闷和委屈，使其心理得到平衡。

第四节　助老社会关系和社会活动志愿服务[1]

※

一、助老社会关系和社会活动志愿服务的原则

（一）接纳、肯定的原则

对老年人提供社会关系和社会活动服务过程中，最重要的一个前提就是要接纳老人，尊重老人，不能将老人自身当作一个问题来对待。要充分考虑老年人的生理和心理特点，不能以年轻人的行动和反应能力来要求老人，更不能急于求成。在提供服务过程中，要态度温和，说话语气委婉，必要时作出详细的说明，以使老人能够充分明白自己的意思。对老年人多加鼓励，对老年人所取得的成就给予肯定与赞赏，促使他们建立起良好的自信心。

（二）自决、自愿原则

对老年人提供服务，不能够代替他们做决策和做出行动，大包大揽并不是解决他们问题的最好方法，相反，这样做还会损害他们的自尊心，使他们感到自己无能从而加剧他们的沮丧心理。作为服务人员，我们应当相信老年人自身所拥有的能力，通过各种方法调动他们的主观能动性，发挥他们的潜能，提升他们的自立能力，积极鼓励他们在各种可能的情况下做

① 姚蕾 . 老年人服务与管理概论 . 北京：清华大学出版社，2018, 111.

出选择和决定。

（三）量力而行原则

在为老年人提供服务的过程中，要充分考虑他们不同于其他社会群体的生理和心理特点，相信老年人是一个独立的个体，尊重他们的独特性，不能用固定模式去要求他们。特别是在参与某项活动时，应当根据老年人的特点与需要，在老年人健康允许的前提下量力而行。

二、助老社会关系和社会活动志愿服务的内容

2015年北京市发布的《北京老人居家养老服务需求最新调查结果》显示，文娱体育活动以73.6%的需求率，列社区大众养老服务和社区特殊养老服务需求首位。[①]此外，良好的人际关系是老年人晚年生活幸福的重要条件，也是老年人保持身心健康的基础。

（一）婚姻家庭关系调解服务

婚姻家庭关系调节服务的内容包括婚姻危机调节，再婚问题处理，代际关系调节等。其目标是促进老年人婚姻关系稳定和家庭和谐，提高生活质量。

（二）文化娱乐活动服务

文化娱乐活动服务包括组织策划老年人活动，老年教育支持服务，老年人关爱活动等。其目标是丰富老年人生活，使其老有所学、老有所乐。

（三）社会参与服务

包括开发老年人人力资源，组织老年志愿服务，建立老年志愿组织，保障老年人合法参与等。其目标是满足老年人自我价值的实现，实现老有所为。

（四）合法权益保障服务

合法权益保障服务包括婚姻家庭纠纷调解，受虐老年人的权益维护，老年人财产处分与保护，防诈骗宣传教育，老年人法律援助，普法宣传教育等。其目标是保护老年人合法权益不受侵害。

---

① 王皓．北京老人最需要文体活动和紧急救援服务 [N]. 北京日报，2015-11-23.

实例分享3-1

敬老爱老“六个一”志愿服务

敬老爱老“六个一”志愿服务是2010年10月中央文明办志愿服务工作组、民政部基层政权和社区建设司、全国总工会宣教部、共青团中央青年志愿者工作部、全国妇联宣传部、全国老龄办宣传部发起的，2010年重阳节期间在全国城乡组织开展的敬老爱老志愿服务活动。“六个一”志愿服务活动包括开展一次家政服务，组织巾帼志愿者到孤寡老人、空巢老人家中，帮助清洁室内卫生，陪老人谈心聊天；开展一次节日慰问，组织学生志愿者到敬老院、光荣院，为老人送去节日食品，开展联欢活动；开展一次医疗义诊，组织医疗卫生志愿者深入城乡基层社区，为老年人提供健康体检、保健咨询和常见病治疗；开展一次心理辅导，组织心理专家义务为老人们进行心理辅导和心理咨询，帮助他们掌握心理调节的有效方法，预防心理疾患的发生；开展一次户外健身，组织青年志愿者陪伴老年人观景赏花、登山健身；开展一次文娱活动，组织职工志愿者依托社区文艺小团体，开展形式多样的节日民俗活动和文化娱乐活动，活跃老年人的节日生活。

从“六个一”志愿服务活动中，我们可以得到几点启示：一是要高度重视，精心组织，只有这样才能够保证志愿活动有条不紊地进行。二是要广泛进行宣传，营造浓厚氛围，通过橱窗、黑板报、条幅、显示屏达到宣传的目的。三是要集中开展，分层落实，螺旋上升，使志愿者能够在这些活动中得到道德的净化与沉淀。四是活动内容要尽量丰富多彩，注重实效，使“老有所养、老有所乐、老有所学”真正落到实处。

思考与讨论

1. 助老日常生活服务的原则和内容是什么？

2. 助老心理健康服务的原则和内容是什么？

3. 如何理解助老社会关系和社会活动志愿服务的接纳、肯定原则？

第四章

助老志愿服务的类型与目标

本章主要介绍了助老志愿服务的类型，包括单向服务与互助服务、分散服务与集中服务、定点服务与流动服务以及普通服务和专业服务。不同类型的服务方式的服务效果也不同，我们应当根据实际情况采取正确可行的服务方式。接着，从服务对象层面、社会层面和文化层面介绍了助老志愿服务所要达到的目标，并举了有关助老志愿服务的特色案例，为助老志愿服务活动提供借鉴。

第一节　助老志愿服务的类型

※

一、单向服务与互助服务

（一）单向服务

助老志愿服务中的单向服务并不是针对志愿者在整个服务过程中能够得到什么而言，而是在服务方式上，志愿者所提供的服务是一种单向服务，也就是说，老年人只是单纯的受助者，它无须向志愿者们提供必需的回报。另外，志愿者所提供的这项单向服务在志愿组织的章程中是有明文规定的，任何人不得以志愿者的身份向所提供服务的老年人索要报酬。

（二）互助服务

助老志愿服务中的互助服务是指志愿者发挥资源连接者和组织者的功能，把社区中身体健康、在保证自己生活质量的同时而又有余力、自愿参与社区互助老年人组织起来，形成老年人互助组织，为需要帮助的其他老年人提供必要的日间照顾和服务。这一方面能够解决行动不便或者患有疾病的老年人的生活问题，还可以实现挖掘老年人的潜能进而实现他们自身价值的目标。

二、分散服务与集中服务

（一）分散服务

助老志愿服务中的分散服务指的是志愿者组织将助老志愿者分派到各个社区和老年人服务中心，由他们为需要帮助的老年人提供有针对性的服务。分散服务对于志愿者自身素质的要求比较高，要求志愿者具备独立处理问题以及资源连接的各项能力，对志愿者来说是一个不小的挑战。

（二）集中服务

助老志愿服务中的集中服务是与分散服务相对的一种服务。它是将志愿者集中起来，群策群力，针对老年人存在的各项困难和需求进行评估，并排列出优先次序，志愿者进行分工与合作，通力解决问题的服务方式。

三、定点服务与流动服务

（一）定点服务

助老志愿服务中的定点服务指的是助老志愿者组织事先设立好助老服务站，并配备相应的服务设施，分派组织里的志愿者到服务站进行定点服务。这种服务方式在一定程度上可以为老年人寻求服务提供便利的条件，使其速达服务站点接受服务，另一方面，也为志愿者们省下奔波的时间与精力，以便为老年人提供高质量的服务。

（二）流动服务

助老志愿服务中的流动服务指的是志愿组织事先规划好流动服务站点，分派若干志愿者携带服务设施，去往老年服务需求较旺盛的地方，为他们进行志愿服务。这种服务具有周期性，可以有效满足老年人不同时间段的不同服务需求。

四、普通服务与专业服务

（一）普通服务

助老志愿服务中的普通服务指的是未经过专业服务培训的志愿者而为

老年人提供的服务。这类服务具有两个特性：一是这类服务的技术含量相比于专业服务较低；二是这类服务的普遍适用性较广。普通服务是绝大多数志愿者都能够提供的一项服务。

（二）专业服务

助老志愿服务中的专业服务指的是由经受过专业服务培训的人或者本身从事的专业是社会工作或者社区管理的志愿者提供的一项服务。目前，这类服务在为老志愿服务中所占比例相对较小，志愿者组织应当努力增加组织内专业服务人员的人数以及相关配置，以促使整个服务团队服务质量的提高。

第二节　助老志愿服务的目标

※

一、服务对象层面的目标

助老志愿服务活动服务对象层面的目标是为有需要的老年人提供物质或其他方面帮助，通过为其连接资源帮助得以维持正常的生活，帮助他们在合法的条件下获得支持，在一定程度上解决其生活方面的困难。比如：通过与非营利组织、社会服务机构的连接使他们得到某些免费的服务等等。其次，通过对老年人进行心理辅导，帮助他们认识压力、缓解压力，积极应对生活上的挑战，通过建立社会支持网络给他们以心理支持。最后，组织开展多种帮助老年人融入社会、扩展人脉、重构社会关系网络的活动，避免老年人与社会脱节的现象产生。

二、社会层面的目标

助老志愿服务活动社会层面的目标是整合社会资源，形成社会合力，凝聚社会共识，为老年人健康发展提供良好的社会氛围与社会空间；使全社会关爱老年人健康、促进老年人发展的观念蔚然成风；积极促进人力资源的合理利用，及时预防老年人群体中会发生的问题，减少社会冲突，稳定社会秩序；保护老年人的合法权益不受侵犯，促进社会公平。此外，促进关于老年人的新的社会保障政策的出台，能够使老年人得到更好的照顾。

三、文化层面的目标

助老志愿服务活动文化层面的目标是宣扬“敬老尊老”的思想观念，提升人们关爱老年人的思想意识，促进老年人生活幸福美满。这与第二次老龄问题世界大会上所提出的“反对对老人精神上的忽视、虐待和暴力”的口号是一致的，是重视精神赡养的表现。我们不仅仅要为老人提供比较好的物质条件，同时应更好地营造一种符合老年人的人文环境。

实例分享4-1

“黎明之约”孝老爱亲志愿服务活动

“黎明之约”是曲阜武家村创新推出的孝老爱亲志愿服务活动——村里的24位留守、孤寡老人，全部由武家村党员干部分包负责。

武家村组建起一支“相约黎明”服务队，每天清晨，他们都会和留守、孤寡老人有个“约会”，为老人们送上一份暖心问候，陪老人谈心聊天，让孤身一人生活的老人感受到家人的温暖。与此同时，他们会帮助老人做一些力所能及的事。为老人洗一洗脏衣服，收拾收拾屋子；给老人“跑腿”取快递、药品；为老人提供健康体检。老人通过党员干部们的关照，变得更加开朗，更加热爱生活。

除了组建服务队，武家村还围绕独居老人的心理诉求，逐步完善建立起日间照料中心，打造了一处老年养生休闲娱乐的场所。武家村村民积极响应村委号召，纷纷报名成为日间照料中心的志愿者。

村里的妇女们平时利用闲暇时间来帮忙，帮老人做一顿热腾腾的饭菜；为老人进行心理辅导和心理咨询；为老人清洁室内卫生。

从武家村“黎明之约”志愿服务活动可以看到：乡村治理更加务实有效，乡风文明水平正在稳步提升，社会对老人的关注度正在不断提高，老人正在受到更多关爱。“老吾老以及人之老，幼吾幼以及人之幼”是儒家经典对于和谐社会的一种描绘，如此宝贵的文化资源被武家村赋予新的表现形式，同时也为乡村、社区、社会提供了宝贵的借鉴意义。

思考与讨论

1. 请简述单向服务和互助服务的区别？
2. 什么是普通服务？它和专业服务有什么不同之处？

第五章

助老志愿服务的工作方法与技巧

本章主要介绍了助老志愿服务的工作方法与技巧，其中，助老志愿服务的工作方法有个案工作志愿服务方法、小组工作志愿服务方法、社区工作志愿服务方法。助老志愿服务的工作技巧包括与老年人的日常沟通技巧，突发事件的处理技巧，残疾、独居丧偶、空巢老年人的服务技巧，特殊疾病老年人的服务技巧。针对不同类型的老年人，我们要采取不同的服务技巧，这样，才能够更好地为老年人服务。

第一节　助老志愿服务的工作方法

※

一、个案工作志愿服务方法

（一）什么是个案工作志愿服务方法

个案工作志愿服务方法指志愿者运用专业的知识、方法与技巧，通过一系列的志愿服务工作，帮助遭遇到困难的个体发掘和运用自身的能力及其周围的资源，改善个体和环境之间的适应与协调，不断解决问题和发掘个人潜能的过程。

如果老年人产生焦虑、恐惧与不安，需要得到正确的理解与照顾的时候，老年个案工作志愿服务方法就能够很好地解决老人的问题。通过老年人个案工作志愿服务方法，能够协助老年人适应社会环境，积极纠正社会上对老年人不正确的看法与观点，进而有效维护老年人权益。

（二）如何进行老年人个案工作志愿服务

掌握一些老年人个案工作辅导技巧对开展个案工作志愿服务至关重要：

一是与老年人建立相互信任的服务关系。如果个案志愿服务者是第一次与老人接触，服务关系建立的成功与否将直接影响服务对象进一步改变的动力和信心。因此，在与老人的初次接触中，要积极聆听老人的困惑与烦恼，注意运用简单明确的语言表达自己的接纳与关怀，避免将老人界定为有问题的人。相互信任的服务关系不仅对于后续的工作有巨大的帮助作用，而且也可以成为老人心理的“栖息站”，使老人感觉到温暖与安全。

二是关注老人的情绪感受。在倾听老人诉说经历的时候，应当格外关注老人的情绪波动，包括他们的喜怒哀乐。对于那些听起来难以忍受的经历或者被压抑的感受与思想，应当协助他们表达和抒发出来，这样能够缓解老年人的痛苦心理，减轻老年人的心理负担。

三是关注个案辅导的过程。在对老年人进行个案辅导的时候，个案的辅导过程是其中的关键一环，在开展个案辅导的过程中，要鼓励老年人将自己的人生经历说出来，特别是那些对其具有重大影响的人和经历，比如：改变其行为方式和思考方式的人或事。只有这样，才能够有针对性地为老年人制订个案辅导规划。

四是注重把握老人对子女的感受。子女可以说是老人生命中最重要的人，把握老人对子女的感受为我们界定问题和制定策略提供了一个方向上的指引。对于有子女的老人，应当着重去了解老人身为父母而产生的一些特殊感受，再者，要着重去了解老人对子女行为的一些态度和看法，比如：支持、反对还是中立的态度等，这对于我们进行诊断与治疗意义重大。

五是协助老人重返现实。当老人们的怀旧之情抒发出来之后，志愿者可以采取各种技巧协助老人回归到正常的现实生活中去，以免老人沉浸在往事中无法自拔，导致服务过程的中断或停止。

六是防止老人过分自责。生命回顾是为了协助老人对自己的过往进行中肯的评价，而不在于使其过分自责和悔恨。当遇到老人有过分自责情形的时候，应当帮助老人分析导致失败的外在原因，或者聊一些老人喜闻乐见的一些事物，转移其注意力，以免老人总把错误归因于自己，意志消沉下去。

（三）老年人个案工作志愿服务对志愿者自身的要求

个案辅导一般采用的是一对一的形式，在整个的谈话和服务过程中，志愿者和老人两个主体碰撞出的“火花”对于治疗过程具有不可替代的作用。这便对志愿者自身的素质提出了更高的要求。一般来说，在对老人进行个案辅导的时候，志愿者应做到以下几点：

第一，相信老人具有改变的潜能与希望。老人并不是固执而不肯经受改变的，志愿者们应体察他们的需要和感受，让他们体会到温暖，只有这样，老人才愿意接受个案辅导。

第二，接纳老人的思想与行为。志愿者应当尊重老年人，不应该针对某件事而谴责他们，特别是在处理老人与家庭成员关系的问题上，批判的态度只会使老人强化心理防卫机制，这不利于推进后期的辅导工作。

第三，志愿者应该对老人有耐心并信任老人。在接触的初期，应当主动耐心聆听老人们的述说，让老人领会到志愿者对他们的关心。

第四，致力于有效沟通。在聆听老人述说的时候，除了关注表面性的问题，更多的是体察老人的内心世界，了解老人背后所表达的情绪和感受，将谈话集中在一些与问题有关的核心话题上，防止老人经常变换话题，影响沟通进程。

实例分享5-1

一、案例引入

盛某，女，66岁。近几年一直因类风湿关节炎而卧床不起，手脚等都因病严重变形，生活无法自理，需要靠老伴的帮忙。盛某的儿女也因在外工作，不能常常来看她，老伴也会常常出去散步或是有事出门，她一个人在家时间久了，有些闷闷不乐，无所事事。盛某以前是个很勤劳很懂持家也很好胜的人，而现在因病缠身，心里难免有些不能接受。现在连生活都不能自理，更别说做别的家务了。老伴觉得她没有以前开朗了，身体的疼痛也使她常常说些类似病永远好不了这些消极的话。儿子买了轮椅，老伴劝她说推她下楼散步，她觉得面子上过不去而不肯下楼，而常常一个人闷在家里。

二、问题分析

1.个人问题：

盛某因病卧床，生活无法自理，无法下床行动，因此变得无所事事，很闷很无聊。身体机能也在不断衰退，意志消沉，不愿出门。因而加速生理上的衰退和心理上的问题。

2.家庭问题:

案主和老伴住在一起，儿女在外工作，不能经常回家，和儿女的交流少了，感觉有隔阂。因为缺少儿女的关心，老人感觉备受冷落，觉得十分孤独。

3.社会问题:

社会环境对案主造成一定影响。社会的快速发展让老年人在社会化过程中落后于他人，通常注重于未老年人提供身体物质保障，并没有满足其心理需求和社会需求。传统的中国文化重视天伦之乐，儿孙绕膝仍然是许多具有传统思想的老人的追求。可是随着中国的社会变迁，大家庭解体，社会结构变成以核心家庭为基础，人们的家庭观念薄弱，还有工作调动，人口流动，年轻人追求自己的自由与生活方式等问题，都造成年轻人不能或不愿与父母住一起的原因。

三、服务策略

1.了解盛某和儿女的关系是否和睦，儿女多久回来看望老人，和儿女关于某些行为和问题的看法是否一致。

2.和盛某的儿女取得联系，跟他们说明盛某现在的身体和精神状况。鼓励他们多与自己的母亲交流，多去看望，陪伴自己的父母。从而使盛某心情开朗起来，重新找到自己的情感和寄托。

3.安排志愿者定期或不定期地对盛某提供探访、陪聊、陪散步、陪诊等服务。从而增强服务对象的支持系统，从而减轻其孤独感及由于行动不便带来的困难。

4.和盛某以前的朋友们联系，鼓励她们来看望盛某，使得盛某的生活没那么闷，让她们鼓励盛某走出房子，呼吸新鲜空气。

案例来源：社工中国实务探索http://practice.swchina.org/case/2015/0123/20321.shtml

二、小组工作志愿服务方法

（一）什么是小组工作志愿服务方法

小组工作志愿服务方法指的是经由志愿者的策划与指导，通过小组活动过程以及组员内部的互动与经验分享，帮助小组内组员改善其社会功能，促进其转变与发展，以达到解决有关问题的过程。

当志愿者同时遇到很多位老人，并且这些老人们的问题具有内在的一致性，需要志愿者通过策划一些主题活动来达到解决问题的目标的时候，这种小组工作志愿服务方法便值得借鉴，该方法可以发挥如下几点功能：

①提供组内的人际接触；

②汇集有效服务信息；

③通过小组活动的预演来为未来的现实生活打基础；

④提供一个信息交流和经验分享平台。

（二）如何进行老年人小组工作志愿服务

老年人小组工作志愿服务是一个由不同阶段组成的动态过程。在开展小组工作志愿服务过程中，要准确把握每个阶段小组组员的特征以及各个阶段的任务要求。

1. 准备阶段

首先，进行组员的招募与遴选。组员有以下几种来源：主动向志愿者求助的老人；已由志愿者进行服务的老人；通过宣传栏或者网络报名参加小组的老人。接着，志愿者可以通过见面会或者资料考察的形式对想要参加小组的老年人进行遴选，其要件包括：年龄、性别、共同问题或需求、文化水平以及对某些问题的认知能力、职业状况等。最后是根据本小组的特性和人数要求来确定组员，并让组员了解小组工作的程序和意义，协助参与的老人表达对小组的期望。

其次，确定小组的工作目标。工作目标由总目标和具体目标构成，总目标是小组整体的指导思想和总体任务。具体目标是围绕总目标建立起来的，包括沟通目标、过程目标、实质目标和需求目标四个部分。小组目标的要求包括目标清晰可测量、有时间限定、具体目标之间具有兼容性、符合组员实际能力、使用正面的肯定性的语言等。

再次，制订工作计划。在小组工作的准备阶段，志愿者要根据工作目标以及人、财、物力等方面，精心制订工作计划。计划包括：理念、目标、组员、小组特征、初步的程序计划、招募计划、需要的资源、应变计划、预算、评估方法等。

最后，申报并协调资源。开展小组工作需要资金、场地、人力等方面的支持。因此，志愿者需要向自己所属的志愿组织提出申请，递交工作方案，争取批准资源。

2. 开始阶段

首先，要协助组员彼此消除陌生感。在开始阶段，志愿者可以根据组员的个性以及小组的特征，设计出有创意的能够打破僵局的活动，恰当使用一些游戏，比如：破冰游戏，帮助组员相互认识，拉近彼此之间的距离。

其次，强化组员对小组的期望，提高对小组目标的认识。在小组开始之前，志愿者要与大家讨论本小组的目标，使大家清楚小组能够带领组员实现什么样的目标，这样，可以增强小组组员对小组的期望，接纳小组，融入小组。

再次，制定小组规范。小组规范有三类：一是秩序性规范。用来界定组员之间的互动准则。二是角色规范。界定和明确组员所期望的具体角色和行为。三是文化规范。澄清和说明小组信念与基本价值，强调开放、平等、保密、互助原则。

最后，协助形成稳定的小组结构。主要包括：一是沟通结构。建立能够最大限度鼓励组员进行沟通的理想结构。二是权力结构。建立鼓励组员能够自我肯定、有所增权的权力结构。三是领导结构。建立注重责任、轮流参与、有利于推动小组过程的领导结构。四是角色结构。协助组员认识到自己在组内的价值，建立每个组员都认可并认为自己适合的角色结构。

3. 中期转折阶段

首先，处理抗拒行为。抗拒行为的产生是因为组员不认为小组可以成为公开表白的场所，因此，志愿者需要帮助组员认识到小组是一个可以分享彼此经验和感受的场所，营造一种开放气氛，帮助他们探索自己的恐惧与防卫，解决自己的忧虑和犹豫。

其次，协调和处理冲突。组内冲突在一定程度上是不可避免的，原因在于每个个体都拥有不同的个性。在面对冲突的时候，志愿者应该保持冷静和客观的态度，运用一些具体可行的措施来引导他们回归到进程中，比如：可以帮助组员澄清冲突的本质，增进组员对自我的了解和反思等。

再次，保持组员对整个小组目标的认识。在转折阶段，出现摩擦与争执是不可避免的，但是它最大的危险在于会影响小组的整体目标。因此，志愿者应当提醒组员时刻保持对小组目标的认识，使组员时刻注意个人目标与小组目标的一致性。

最后，适当控制小组进程，注重实效。在转折阶段，小组组员经过抗争与冲突，会养成一定的自我管理和自我决策的能力，但尚未达到独立自主的状态。因此，志愿者应当控制好小组进程，引导组员以小组为中心，创造出一个更好地解决问题的氛围，以期实现小组的整体目标。

4. 后期成熟阶段

首先，要维持小组的良好互动。经过开始阶段和转折阶段的探索之后，小组工作志愿服务的后期阶段已经形成了一套良好的互动模式，这种互动模式是发挥小组功能和产生效果的重要前提，志愿者应当努力去维持这种互动，使得组员的行为更加有效。

其次，协助组员从小组中获得新的认知。志愿者应当协助组员进行进一步的自我表露和自我探索，以获得更深的自我认知。同时，小组组员还可以通过其他组员的反馈，对事物具有更深的认识，对自己问题的成因和可能改变的方法有新的认知。

再次，协助组员把认知转变为行动。志愿者要协助组员不断尝试新的行为与行动，并强调组员要为自己的行为承担责任，在被期待的新的行为出现的时候，要不断予以强化，使组员能够更加有信心、有勇气去尝试和坚持。

最后，协助组员解决有关问题。志愿者要协助组员对有关问题进行澄清，并通过分析与磋商，协助组员建立合理的目标，整合组内资源，在合理分工的基础上，一起寻找解决问题的有效方法。

5. 结束阶段

首先，要处理组员的情绪和感受。在小组最后一次聚会前，志愿者要告诉组员小组结束的日期，让组员做好小组结束的心理准备，逐渐接受离开小组的事实，同时，还要帮助他们处理内心的矛盾与伤感，使他们认识到进入现实生活的必要性和积极意义。

其次，协助组员保持小组经验。其主要方法有：一是模拟练习。即模拟现实生活环境，让组员得到锻炼。二是树立信心。即通过观察组员的行为，对好的行为给予鼓励与肯定，以使其对以后的生活充满信心。三是鼓励独立。鼓励组员独立完成工作，降低小组对组员的吸引力，避免组员产生严重的心理依赖。

最后，做好小组评估。在结束阶段，志愿者应当对小组有一个整体的评估。主要包括：小组目标是否达到、组员的表现、小组工作技巧的运用等等。

实例分享5-2

一、活动主题

成都市S社区联谊小组活动

二、活动目的:

1.设计相关团队建设游戏，活跃活动气氛，发挥团队创意，建立团队精神，让每位组员思考目前团队的现状和未来，并统一认识。

2.促进组员之间的交流互动，加强各个团队之间的熟悉度，形成支持网络，从而增强团队凝聚力。

3.沙盘游戏是非言语本质下的心理世界探索，对微缩模型的挑选和移动的过程，其实反映了个人的潜意识形态。通过沙盘游戏让组员重新审视自己的同时也让团队加深对每个个体的认识，了解自己角色的定位，发现自己和他人的优点。

三、活动流程

时间	活动名称	活动内容	活动目的
08:50—09:00	活动签到	A. 引导并对参与活动的所有人员进行签到。 B. 安排参与者入座。	统计团队成员参与情况；维持现场秩序。
09:00—09:10	介绍本次活动及内容	A. 宣布活动开始。 B. 介绍本次活动的内容。 C. 说明本次活动的背景。	让成员了解本次活动的相关情况；消除疑虑。

09:10—09:20	大风吹，小风吹，冷风吹	A. 所有成员围成一个圈，社工站中间发出游戏指令。 B. 社工说："大风吹"，成员拍自己膝盖三次。社工说："小风吹"，成员拍手三次。社工说："冷风吹"，成员双臂交叉拍自己肩膀三次。C. 做错动作的人要讲一件自己的趣事。	带动现场气氛，导入活动
09:20—10:20	沙盘你我他	A. 社工准备沙盘物品，如饼干、树木、报刊等。 B. 将上述材料展示在大桌子上，小组成员可选择相应的材料。 C. 让组员利用这些物品形成一幅图画，以过去、现在和未来的时间轴，表现团队气氛以及合作关系如何。 D. 完成后请小组中所有的成员对小组形成的图画进行演讲，每人限5分钟。 E. 询问大家是否利用不同小组的图画和演说，提高了对整个团队实际情况的掌握程度	A. 创造良好的小组环境，加强团队合作，展示团队创造力，发扬集体精神。 B. 使学员积极解决问题。 C. 使学员了解团队实际发展状况以及今后的发展趋势，达成共识。
10:20—10:50	优点大轰炸	A. 社工给组员每人分发一支笔、一张纸。 B. 组员将纸贴在自己背上，并互相给其他组员背上的纸写他（她）的优点。 C. 写完之后每个组员要大声朗读出纸上的内容"我是一个……的人。" D. 组员一起分享游戏心得。	营造更加和谐的团队氛围；让成员学会用优势视角看待别人和看待自己。
10:50—11:00	轻松传电・合影	A. 围成圆圈手拉手传电，抱团喊出口号。 B. 合影留念。	促进成员团队精神；保存图像资料。

案例来源：小组工作介入社区老年组织发展研究_康时佳

三、社区工作志愿服务方法

（一）什么是社区工作志愿服务方法

社区工作志愿服务方法是志愿者运用专业方法解决社区问题、促进社区发展的方法与活动，是以社区居民为服务对象，旨在确定社区问题和需求、发掘社区资源、动员和组织社区居民实现自助和互助、化解社区矛盾和冲突、预防和解决社区问题、促进社区福利水平提升的方法与过程。

（二）如何进行老年人社区工作志愿服务

根据国外社区工作的定义和发展经历，可以知道，社区居民参与社区实务和社区民主建设是社区工作的核心，因此，"民主自治""充实力量""增加机会"成为老年人社区工作志愿服务的重要概念。

在中国，开展老年人社区工作志愿服务，除了强调提升老年人的民主意识、民主权利、参与社区公共事务之外，还要积极组织老年人自助与互助，积极开展老年人服务和文化娱乐活动，提高老年人晚年生活质量。在社区层面上对老年人提供服务应当着重于以下几个方面：一是对贫困老年人的慰问与物资援助，二是老人各项权益的争取，三是老人文体康乐活动的开展。

在开展老年人志愿服务过程中需要注意的有：

1. 进入社区

志愿者要了解自己所认知的组织，了解组织的理念，把握组织的立场和倾向性，了解自己的责任分工和自己的工作内容，认识共同工作的其他志愿者。进入社区的方式有积极参与社区重要活动、主办社区活动、积极介入社区事务、报道社区活动等。

2. 认识社区

在为社区老年人提供服务前，首先要认识社区，包括社区的地理环境、人口状况、社区内的资源、社区组织结构和文化特色等。其次要分析社区问题，分析社区内存在的制约老年人活动的因素。最后是对社区内老年人的需求分析，包括感觉性需要、规范性需要和比较性需要。

3. 组织社区

建立社区助老组织包括如下几项程序：招收成员、订立组织规则、推选领导者、建立工作小组、筹措经费等。管理社区助老组织包括服务规划的制订、行销管理、财务管理、人力资源管理和研究与发展等。

4. 制订社区助老工作计划

在制订社区助老工作计划过程中，首先要明确目标，包括总体目标与具体目标。在制定目标的时候，要坚持社区参与和社区自决的原则。其次要制定策略，包括提出策略、评估策略和筛选策略。最后要设计方案，方案的内容要求充实且具体可行。

5. 实施社区助老计划

这一阶段包括社区助老资源的管理和执行社区助老工作方案。首先，在管理社区助老资源的时候，要对资源进行分析，分析资源的数量、质量、便利程度、使用成本等；资源的开发，包括人力资源和资金，尤其是志愿者的招募与活动经费的筹措；资源的连接，包括正式连接和非正式连接，正式连接指的是通过合同的形式对资源进行连接，非正式连接指的是依靠平常的交情而进行的连接。其次，执行工作方案可以分为如下几个阶段：筹备阶段、开展阶段、结束阶段。在筹备阶段，其主要任务是确认工作中将要涉及的所有环节，并对人员进行合理的分工。开展阶段期间要注意推进的策略、方法与节奏，注意经费的管理，避免左支右绌。结束阶段要对工作过程进行详细记录，建立助老工作档案，撰写工作报告，反思工作得失。

6. 助老服务工作评估

评估可以分为过程评估与结果评估。过程评估，顾名思义就是对助老服务开展的质与量进行评估，重点在于对有关工作过程进行描述，包括投入的资源和人员配置、一系列工作的优先次序、各个程序的进展状况等。结果评估就是对服务结果进行考察，看其在多大程度上实现了预定的目标，实现的程度如何。评估的步骤包括五个方面，一是确定评估目标，二是建立测评标准，三是设计评估研究方案，四是收集与分析资料，五是形成评估结果。

实例分享5-3

一、案例名称

用芳香扮靓老年生活——老年人芳香照护系列课程项目

二、发起机构：武汉市洪山区彩虹睿教服务中心

三、案例背景

“芳香疗法”是欧美历史悠久的自然疗法，在德国，医疗院所、养老院所正在实践与应用芳香治疗照护作为辅助治疗及照护方式。近年来在中国广受注目和欢迎，并且越来越流行的一种自然保健方式，利用纯天然精油作为日常的身心照护与肌肤保养的智慧是历史性的、是世界性的，这是一种全民化的生活方式。 芳香疗法作为一种安全有效的老年护理方式，运用自纯天然植物，在嗅觉受到香气的刺激之下产生各种情绪心灵的反应，对人体无任何副作用，且疗效迅速科学安全的健康自护理方法，可以帮助老年人保持健康，促进睡眠，改善慢性疾病不适症状如身体疼痛，失眠，疲倦预防失智等方面，提高生活质量，反响特别好！未来，芳香疗法在养老助老，医养相结合的趋势已不容忽视！

四、活动方案

1.芳香照护人才招募与培训

2.社区老人芳香照护活动联络

覆盖20个社区，每个社区8场，每场20人。

3.老人芳香照护课程（服务）的开展实施。

日常芳香照护类沙龙

- 芳香话糖尿护理
- 芳香话高血压
- 芳香话脾胃
- 芳香话失眠
- 芳香话关节疼痛
- 芳香话风湿
- 芳香话疲倦
- 芳香话免疫
- 芳香话抗病毒抗感染

情绪护理类沙龙

- 和孤独说不
- 我们也可以不失智
- 更年期也可以平稳情绪
- 如何面对不服老的心理

社会关系支持类沙龙

- 扮靓老年生活——心灵鸡汤（芳香通窍——情绪精油的调配）
- 艺术老年生活——精油手工皂/香薰蜡片/香包香囊制作等（手作）
- 传统文化老年生活——（中医芳香按摩护理）

案例来源：武汉市社会组织发展基金会http://www.whngo.com/action/project?pro_id=653

第二节　助老志愿服务的工作技巧

※

一、日常沟通的技巧[1]

（一）取得老年人及其家属的信任

取得老年人及其家属的信任是志愿者进行志愿服务的一个重要前提，它在一定程度上影响着后期的服务，甚至成为评估服务质量好坏的决定性因素。

在与老年人及其家属第一次接触的时候，最好能够出示自己的相关证件，以证实自己的身份，如果有需要，可以请相关部门开具证明或者说明情况。

在具体交往过程中，志愿者需要掌握有一些有利于老年人自我表达的技巧：一是建立相互信任的服务关系；二是鼓励和引导老年人诉说往事，从愉快的人生经历开始，慢慢过渡到比较消沉的往事中；三是重点聆听老人在诉说往事时候的感受与情绪波动，体会他们的喜怒哀乐，对于那些比较沉重的感受，引导他们抒发出来；四是对于有子女的老人，需要引导老人将对于子女的想法和期望说出来，以便让老人子女知晓并回应这件事。

① 顾青，张钟汝．助老志愿服务手册．北京：中国社会出版社，2008.

如果志愿者具备一定的专业背景的话，还可以运用一些社会工作者心理学的一些辅导方法来对有需要的老人进行辅导，以取得老年人及其家属的信任与尊重。比如：生命回顾。生命回顾指的是志愿者引导老人通过回忆过去所取得的成就与失败，让老人不断调整自我、完善自我，生命回顾和怀旧所不同的是，前者是对整个生命历程进行回顾，后者是对生命中的某些重要事件进行回顾。这种辅导技巧的最终目的是让老年人重新体会生命的价值与意义，使老年人的晚年生活更加充实和多彩。

（二）与老年人日常交往的礼节

在与老年人日常交往时，首先要尊重老人，包括尊重老人的意向、爱好和选择等。在与老人交谈的时候要把握好分寸，更不能够耻笑老人在某方面的缺陷或者用言语冒犯老人，从而伤害到老人的自尊。在老人面前多讲一些他们喜闻乐见的事情，不要对老人不想谈及的事情穷追不舍，多做一些让老人感到愉悦的事情，使其精神上感到放松。

要始终以赞赏的眼光来看待老人，以此来拉近彼此之间的距离，促进双方的交流；相反，冷漠的态度只会对双方的关系产生不良影响，进而使得老人对志愿者避而远之。

在老人生日或者对老人来说具有某项重要意义的节日里，可以买一些老人喜欢的礼物赠予老人，比如：老人喜欢的书籍等等。对于礼物，老人在乎的不是礼物有多贵，多值钱，而是那份心意。

要更好地为老人服务，就要正确掌握老年人的心理，而掌握老年人的心理，第一步就是要给老年人留下良好的印象，让老年人能够接纳自己、喜欢自己，故初次见面的礼节就显得十分重要。

（三）为老年人服务应遵守的原则

先做好本职工作，为老年人的心理、生理做一些有效辅导。对于老年人生活上的一些事不代替老人或者其家属做决定，要始终以老人和其家属的需要为本，减轻老人的心理负担。

志愿服务要精益求精，努力寻找能够一些更好地帮助老年人的服务方法，仔细研究老年人心理，兢兢业业地对待每一位服务对象，联合老人家庭其他成员为老人创造一个安静、舒适和无障碍的生活环境。再次，尽心尽力照顾老人，恪尽职守，做到诚实可靠、遵守组织规定、不利用服务之便收取各种形式的报酬、不见利忘义等。

要努力学好自己的专业知识，在实践中不断提高自己的服务水平和技能，逐渐掌握沟通的技巧与技能，灵活运用各个专业的知识来为服务对象服务，使他们能够享受到更好更优质的服务。

（四）与老年人交往时的禁忌[①]

在与老年人的日常交往过程中，除了上述需要注意的事项之外，还有一些禁忌需要志愿者把握：

杜绝油嘴滑舌。老年人很多是经历过大风大浪的人，志愿者的油嘴滑舌有时候会给老人留下不良印象。虽然表面上会给老人一种很好相处的感觉，但是久而久之，更多的是给人一种不安全感，难以获得老人的信任与认同。所以，要注意幽默的使用，把握适度原则，不要给老年人留下不稳重、不可靠的印象。为了达到缓解尴尬气氛的目的，要审时度势，恰当运用幽默，不要给老人造成误解和不愉快。

切忌自我吹嘘。日常生活中，经常吹嘘自己的人首先就缺乏真诚与实在，给人一种飘飘然的感觉，而且，越是吹嘘自己，越会让人感觉外强中干。老年人虽然喜欢健谈的年轻人，但是并不喜欢我们所说的自我吹嘘的这种人，对于夸夸其谈的人，无论是年轻人还是老年人，往往避之唯恐不及。

切忌言而无信。诚实的人给人更多安全感和继续交往的信心与动力，没有信用的人往往会遭到排挤和唾弃。在与老年人交往过程中尤其如此。言而有信的志愿者能够得到老年人的长久信任，这也促进了老年人继续合作的信心。志愿者对于老年人的一些提议和要求，要根据实际情况作出回应，答应了，就应该尽自己全力去完成；不答应，要向老人解释一下有哪些制约自己的客观条件，尊重老人起码的知情权。

拒绝泄露老人隐私。破坏老人隐私轻则引起老人的厌恶，重则构成违法行为。每位公民都拥有自己的隐私权，老年人同样如此。志愿者在提供服务的过程中，要尊重老年人隐私，不要把老年人的事迹到处宣扬。就算老年人不对此发表自己的意见，对于志愿组织来说，这种行为也严重影响

① 顾青，张钟汝 . 助老志愿服务手册 . 北京：中国社会出版社，2008.

着组织的声誉和形象，对老年人也会造成一些不便，比如：邻里关系不睦等等。

二、突发事件的处理技巧[①]

（一）老人中暑的处理技巧

中暑是一种夏令时节的常见病。对于体弱多病的老年人来讲，夏季中暑是非常容易发生的。中暑可以分为先兆中暑、轻症中暑、重症中暑三种：

先兆中暑一般表现是头昏、眼花、耳鸣、恶心、口渴等。遇到这种情况，志愿者应该让扶老年人到阴凉处，帮其散散热气，并让老人饮用一些凉白开或者淡盐水，如不见效果，应立即送医院急诊。

轻症中暑的一般表现是面色潮红、心悸胸闷、体温升高、大量出汗等。志愿者除了采用前述的措施之外，还要帮老人用冰毛巾湿敷头部，让老年人的体温降下来。

重症中暑的一般表现是昏迷、抽筋、高烧休克等症状。志愿者遇到此类状况，需要立即拨打120，将老人送往医院抢救，在去医院的路途中，重复上述的救援方法。

（二）老人休克的处理技巧

致使老人休克的疾病有很多，比如：动脉硬化、高血压、脑出血等等，症状表现包括头痛、呕吐、瘫痪、口眼歪斜等，这都是十分危险的征兆。碰到如此情况，志愿者需要保持冷静，立即拨打急救电话并通知老人家属。

在等待救护车和老人家属的过程中，不要晃动老人头部，要轻轻地将老人扶到床上或沙发等柔软的地方，使其头部侧卧或者偏向一侧，不要随意喂老人吃东西或者喝水，以免发生气管堵塞。

（三）老人情绪异常的处理技巧

老人情绪异常是老年心理变异的一个重要方面，通常表现为：情感冷

---

① 顾青，张钟汝．助老志愿服务手册．北京：中国社会出版社，2008.

漠、烦闷紧张、忧伤苦闷、自暴自弃、恐惧焦躁等。对于老年人的异常表现，可以采取以下几种方法衡量老人的情感和情绪是否正常：一是看老人的情绪波动是否有特定和明确的原因。二是看老年人的情绪反应和外界对老人的刺激是否成正比。三是看老人的心理异常是否能够在短时间内恢复正常。

引起老人情绪异常的原因有很多，志愿者在应对的时候，第一步要想方设法来平息老人异常的情绪，可以采用语言引导或者身体语言来引导。第二步就是要以不刺激老人的方式来询问老人情绪异常的原因。第三步要根据原因和实际情况来开导、规劝老人，防止不良情绪的进一步发展。

（四）老人有抑郁倾向的处理技巧

遇到老年人因为生活苦闷或者情绪不佳而抑郁时，志愿者千万不能够掉以轻心，以免悲剧的发生。

对于经常感到苦恼的老年人，志愿者要给予充分的理解与同情，采取积极的措施来帮助他们解决实际生活中面临的各种困难。对于处于情感纠结中的老年人，志愿者需要及时开导，避免老年人因为此种困难而轻易放弃人生。

预防老年人抑郁的关键在于及时掌握老年人的心理状况，有问题及时解决不拖延，帮助老人积极融入老年集体生活中去，开阔自己的胸怀与见识，防止老年人因为孤独而抑郁，使其有精神寄托。另外，尽力帮老人维持健康，提醒家人定期给老人进行身体和精神的检查，并进行一些有意义的精神方面和身体方面的辅助治疗。

三、残疾、独居丧偶、空巢老年人服务技巧

（一）残疾老年人的服务技巧

由于我国残疾老年人保障制度尚未健全，家庭成员又属于非专业化的护理人员，对护理问题及注意事项了解不足，会直接造成残疾老年人护理问题的产生，严重的还会影响残疾人的康复与正常生活。因此，残疾老年人的养老问题也相当突出。

一方面，志愿者可以通过各种方式保证老年人获得正常生活的各种物

质条件，比如：帮助老年人申请各种正式资源和非正式资源。

另一方面，志愿者要学习一些特殊的护理技巧，以帮助老年人获得日常护理，弥补医院和社区医疗机构护理方面的不足。

（二）独居丧偶老年人的服务技巧

要帮助老年人正确看待丧偶的现实。让老人认识到生老病死是不可抗拒的自然规律，要安慰老人冷静下来，使老人对以后的生活保持信心，不要自暴自弃。

帮助老人避免过度自责。很多老人会把老伴去世的责任归结为自己没有好好照顾老伴，这种自责与内疚往往会加重老人的精神负担，严重的还会使老人产生抑郁的倾向。因此，志愿者需要想方设法避免老人过度悲伤影响身心健康。

帮助老人转移注意力。可以联系老人的家人让其带老人出去散散心，或者出去旅行，不要让老人总沉浸在失去老伴的沉重情绪中无法自拔，帮老人适当转移一下注意力，憧憬一下未来的美好生活。

要鼓励老年人寻求新的生活方式。随着老伴的离世和原有的生活方式被改变，孤独与不适应在一定程度上深刻影响着老人的生活，这时，志愿者要帮助老人重新调整一下生活方式与生活节奏，减少对过往的依恋。

（三）空巢老人的服务技巧

中国传统的以配偶和子女为主的家庭照料方式在社会发展转型过程中不可避免地受到侵蚀与弱化，一些老年人无人照料。一方面，女性就业增加提高了老年人家庭照料的机会成本，人口流动的加速减少了老年人可以利用的家庭照料资源；[①]另一方面，人民生活水平的提高以及对自由、独立生活的追求不断影响着代际双方的照料观念，而社会化的照料服务发展也让老年人有了更好的选择。生活环境产生了改变，使得老年人得不到子女、亲朋好友的关爱，不良的情绪长期得不到缓解而心情沉闷，导致抑郁症状发生率增加，严重的甚至会引发老年痴呆。

一方面，面对空巢老人的这种困境，志愿者要多给予老人陪伴，并鼓励老人的家人在生活上多加照顾老人。

---

① 杜鹏．聚焦“386199”现象关注农村留守家庭，人口研究 .2004.24(4):25-25.

另一方面，还可以帮助联系一些养老机构，让老人在养老机构中和同龄老人一起生活，减轻生活中无人陪伴照顾的烦恼。

四、特殊疾病老年人服务技巧①

（一）如何为有视觉障碍的老年人服务

进入老年期，很多老年人会有不同程度的视觉障碍，比如：青光眼、白内障、老花眼等等，轻度还可以维持正常的生活，重度则会严重影响老人的生活质量。对于有视觉障碍的老人，可以学习以下服务技巧：

第一，志愿者需要学习一些基本的视觉医疗常识，向老年人宣传科学用眼的方法，必要时，带领老人有规律地进行眼部疾病的检查和治疗。

第二，平常要多多提醒老人吃一些明目的食物，注意爱护眼睛，防止视力过度疲劳，防止过度运动或者意外可能对眼睛所造成的影响。

第三，如果遇到眼部做过手术的老年人，应当提醒老人保持正常的生活起居习惯，注意身体的各项指标，正确使用眼药水，避免老人用手直接触碰眼睛，如果伤口出现疼痛等情况，要立即联系专业医生给予诊治。

（二）如何为有听觉障碍的老年人服务

老年性耳聋是老年人的常见疾病之一，志愿者应当从以下几个方面引导老人正确对待耳部疾病：

第一，提醒老人避免长期的噪声刺激。

第二，戒烟戒酒。烟酒是老年人健康的重大威胁者之一，尼古丁中毒或者酒精中毒都会损害老人的神经中枢，造成器官功能的混乱。

第三，保持良好的生活习惯与积极健康的心态。提醒老人加强体育锻炼，增强体质，促进新陈代谢，预防听觉器官的衰老。

第四，正确看待疾病。对于新发现的疾病应该尽早救治，以免耽误病情。

第五，科学用药。提醒老人听从医生的嘱咐，对于一些药物不要随意使用。

---

① 顾青，张钟汝．助老志愿服务手册．北京：中国社会出版社，2008.

（三）如何为智力减退的老年人服务

随着年龄的增加，老年人的智力水平会慢慢下降，会对一些事和人产生混淆等，因此，志愿者可以从以下方面来进行服务：

第一，鼓励老年人积极参加各种社会生活，广交朋友，从事力所能及的体力和智力活动，在活动中使得大脑得到锻炼。

第二，多多组织一些有益于老年人大脑开发的项目和活动，比如：打太极拳、养花、养鱼、编织、读书等等，使老年人充分感受到生活的乐趣，保持轻松愉快的心情，避免老人参加一些刺激、惊险、恐怖的项目和比赛。

第三，培养和训练老人生活自理能力。这对于延缓智能衰退也是非常有好处的。因为人的身体机能用则进、不用则退，所以老年人平时收拾一下房间或打扫一下卫生，对于老年人强身健体的作用也很明显。

第四，在与有智力障碍的老年人交流的过程中，可以有意识地加强老年人思维、记忆、计算等有针对性的训练，但是不应过难，使老年人产生畏难情绪。比如：对有语言障碍的老人，可以加强口语训练，但是要把握好“度”。

（四）如何为有老年痴呆的老年人服务

老年痴呆是老年人常见疾病之一，它会导致老年人智力的全面衰退和社会功能的严重下降，导致情感、性格、智能的异常，其中最重要的是记忆力和计算能力的功能性障碍。随着病情的恶化，老人会出现大小便失禁、不知饥饱、丧失生活能力等问题。

医学观察显示，老年痴呆的发生与家庭生活单调有很大关系。单独居住的老人患老年痴呆的概率比与家人一起居住的老人的概率高很多。而对老年人平时的关爱与呵护对于老年痴呆老人的治疗帮助明显。作为志愿者，可以从以下几方面入手：

经常陪伴老人，避免老人长期独居，联系社区帮助改善影响老人生活的环境，以免老人出现忧郁愤怒的情绪。另外，可以陪伴老人养养花、喂喂鱼，还可以陪老人去见一些老人的朋友，多做一些有益的活动。

随时观察老年人心理状态的一些变化。对待有老年痴呆的老人，不能操之过急，更不能有埋怨的情绪，以免造成他们的自责和焦虑。一旦发生此类情况，应当及时劝导或者转移其注意力，减轻其心理负担，以提高对疾病的抵御能力。

注意患者的精神状态，一旦发现老人有精神障碍的问题出现，应尽早去医院进行诊治，判断其是否有精神障碍的存在。

帮助老人树立健康积极的心态。当老人患上老年痴呆之后，志愿者也不要过于担心，要调整好自己和老人及家人的心态。要以积极的态度对待老人的病情，使老人及其家人对此类疾病有科学的认识。

加强老人和老人亲属对老年痴呆的了解。志愿者要采取各种方法向老人及其亲属介绍老年痴呆的基本情况及照顾老人时的注意事项，以免其在以后的生活中陷入某些误区，导致病情的恶化。

实例分享5-4

一、案例背景

（一）基本情况

案主，女，现年84岁，丧偶，年轻时曾在公社上班，案主丈夫年轻时在黑龙江当兵，随后跟随丈夫从黑龙江转业回到重庆，被分配到石油系统工作，同时在单位分了一套房子。案主丈夫在2017年因病去世，目前案主独自一人居住。

案主育有三子，均已成家立业，大儿子在其他城市的建筑公司上班，现已退休；二儿子目前在石油系统上班，工作地点在区县；小儿子因为疾病原因去世。二儿子的上班地点离主城近一些，每次回主城开会都会过来看望案主。

（二）接案过程

社工在开展项目宣传活动的过程中发现案主，并与案主进行交谈，在交谈中，社工对案主的基本情况有所了解。随后，在多次的走访交流中，社工征得案主的同意，正式接案。

二、分析预估

（一）案主问题

1.生理方面

案主身体状况较好，在生活上能够自理，随着年龄的增加，身体机能不断衰退，抵抗力也不如从前，有时感冒时间较长，恢复较慢。因为年轻时腿受伤落下的后遗症导致在天气变化时会疼痛，造成行动不便，平时出门买菜和缴纳水、电、气费花费的时间较多。

2.心理方面

案主缺少亲情陪伴，儿子都不在案主身边，导致案主缺少亲人的关心和陪伴。案主平时生活很单调，大部分时间独自待在家中，看着老伴的照片都会伤心难过，没有一个可以倾诉交流的对象，使其晚年生活产生了较强的孤独、悲伤情绪。

3.经济状况

案主没有固定的单位，所以没有退休工资，案主的经济来源主要是自己购买的养老保险和丈夫去世前积攒的退休工资，能够满足案主一人生活和医药开支，案主有时还会为子女分担一些经济压力。

4.社会参与

案主在社区居住时间较长，平时除了二儿子和儿媳会去看望案主，很少有其他居民到案主家中，因为案主性格孤僻，不愿意和社区其他老人讨论别人家里的事情，平时都独自在家里看电视或做家务，又因为腿脚不太方便，出门的时间就更少。

（二）案主需求

通过走访对案主的目前需求进行分析：

1.加强案主身体素质。案主年龄大，身体素质变差，年轻时受伤导致左腿有旧疾，为日常生活带来困扰。因此需要为案主提供相关健康知识，提升其身体素质和保健养生意识。

2.解决日常生活难题，因为案主年龄较高，腿脚不方便，在料理家务和日常采购方面会感觉力不从心。社工需要为其连接社区资源，提供代买或送货上门服务。

3.增强案主的社会参与，排解孤独情绪。案主因为性格孤僻，不愿与其他居民沟通交流，长期一人在家，缺乏亲人陪伴，内心产生孤独寂寞感，社工上门陪伴案主聊天，邀请案主参与适合的活动，扩大案主的人际交往圈，让案主有能够愿意交谈的对象，缓解其内心的负面情绪。

三、服务计划

（一）介入理念

1.人际需要理论

每一个体在人际互动过程中，都有三种基本的需要，即包容需要、支配需要和情感需要，这三种基本的人际需要决定了个体在人际交往中所采用的行为。与社区居民增加交流，认识更多的朋友，大家相互包容、理解和支持，丰富晚年生活。

2.社会活动理论

活动水平高的老年人比活动水平低的老年人更容易感到生活满意，更能够适应社会；老年人应该尽可能长久地保持之前的生活方式以否定老年的存在，用新的角色来取代因丧偶或退休而失去的角色，从而把自身与社会的距离缩小到最低限度。社工需要在态度和价值取向上鼓励案主积极参与社工开展的活动，增加与其他居民的交流互动，为案主的社会参与提供更多的机会和条件。

3.社会支持（网络）理论

社会支持理论亦称社会支持网络理论，它指出人生活在由个人接触所形成的关系网中，透过这些关系网使个人得以维持其认同，并获得情绪支持、物质救援、服务、信息、新的社会接触等。

人无法自绝于社会而独立存在，人类生存需要与他人共同合作，以及依赖他人协助与支持。增加案主的社会支持，使案主的心理健康水平显著提高。通过社会支持的增加，减少案主对于丈夫离世的悲伤情绪，预防和减少危机的发生。

（二）介入目标

1.改善案主居家生活不便的情况；

2.增加社会参与，邀请案主参与社区活动，增加与其他居民之间的联系；

3.扩大案主交友网络，缓解案主负面情绪；

4.提供健康知识，增强身体健康素质。

（三）介入计划

1.动员社区志愿者或附近的邻里，为案主提供生活方面的一些便民服务；

2.通过活动参与，扩大案主交友圈，引导案主走出家门，增强与社区居民之间的联系；

3.定期上门慰问、关心案主，链接其亲人、邻里、朋友，减轻服务对象的孤独和落寞感；

4.为案主提供相关的养生保健知识，链接医疗资源，帮助其进行身体健康检查和咨询。

四、服务实施过程

（一）发现案主，并收集案主基本信息

社工与案主在社工在开展活动中初次见面，当时天气较凉，案主才洗完衣服，穿着单薄，引起社工的注意，案主前来询问活动内容时，社工与案主进行沟通，在沟通过程中了解案主的基本情况，之后也向周边的邻居了解案主的一些情况，知道案主目前独自一人居住。社工通过多次家访与案主建立了良好的服务关系。

（二）抒发案主悲伤情绪，进行心理安慰，邀请参与活动

通过多次走访，社工与案主建立良好的服务关系，案主主动向社工讲述了自己的往事。

社工在家访的过程中运用个案的支持性技巧，专注和倾听案主的讲述，并鼓励案主真实地表达自己内心的想法，案主提到自己已去世的丈夫和小儿子时，眼眶里溢满了泪水，社工通过肢体语言轻轻拍着案主的后背，并递上纸巾，安抚着案主，并运用影响性技巧适当的自我披露，有选择的袒露自己经历过的相似情况和处理方法，为服务对象提供参考。

待案主情绪好转，社工邀请案主参与即将开展的活动，通过活动分散案主的悲伤情绪，同时结交更多的居民，增加朋友圈。

（三）通过社会工作专业方法为案主提供服务

社工运用个案、小组、社区工作方法，为案主提供专业的社会工作服务内容。

1.个案工作方法：根据案主目前的情况，社工与案主建立良好的个案服务关系，并为案主建立完善的个案档案表，运用个案会谈技巧中的倾听、同理心、鼓励、摘要、自我披露等内容，使案主感受到尊重、包容、接纳，愿意主动表达自己内心的想法和感受。

2.小组工作方法：社工在社区内找到与案主有相似情况的居民，组成

"守望幸福，邻里互助"互助支持小组，大家可以在小组内相互交流经验和情感分享，社工通过沟通与互动技巧引导组员相互倾听、表达、理解、回馈，得到情感上的理解和支持，改善和减少负面情绪的发生频率。

3.社区工作方法：社工通过开展促进社区居民交流的相关活动，增进案主与大家的交流和联系；开展手工兴趣、社区环境治理、社区义诊等活动，丰富案主的娱乐文化活动内容，充实生活，增加社会参与。

五、总结评估

案主的问题主要体现在社会参与和心理情绪方面，为案主搭建社会支持网络，了解其兴趣爱好，根据其爱好邀请案主参与社工开展的活动，增加案主的社会参与，认识更多有相同兴趣爱好的居民，在志愿者和居民的陪伴下，慢慢走出悲伤的负面情绪。案主改变了以往的主观意识，愿意主动走出家门和身边的邻里增加交流，拉近距离。

社工在其服务过程中扮演了服务提供者、倡导者、引导者、协调者等角色，与案主积极沟通，引导案主诉说自身的感受和想法，据其需求开展相应的服务，让更多的居民关注"独居老人"的生活状况，同时积极倡导相关政策，为社区的独居老人建立可靠的生活保障设施，为独居老人的生活提供安全保障。

六、案例反思

独居老人因子女工作繁忙，平时都不在身边，基本上没时间回来看望他们。而老人随着年龄增长，身体多少都有这样那样的毛病，有的身体甚至更糟。

俗话说"少年夫妻老来伴"。可是他们因过早失去老伴，平时连个说话的人都没有。难免会产生空虚、寂寞、焦虑、忧郁等负面情绪。社工需要运用专业的社会工作方法引导他们主动敞开心扉，释放自己内心的负面情绪，帮助他们主动与外界增加联系，充分发挥自身的优势，改变目前的生活状态。

在现代社会，社会老龄化的问题越来越突出，老龄化需求不断提高，随之而来的是老年人养老问题。为老年人提供服务需要社会和政府的大力支持与加入，让社区内的老人能够老有所养、老有所乐、老有所为。

注：本案例选自搜狐网，2019-07-18。

思考与讨论

1. 什么是个案志愿服务方法、小组工作志愿服务方法、社区志愿服务方法？

2. 与老人日常沟通中我们应当注意掌握哪些技巧？

3. 为独居丧偶老年人提供服务应掌握哪些技巧？

4. 在为患有老年痴呆的老年人服务时应当注意哪些方面？

第六章

助老志愿服务的开展过程

本章主要依托助老志愿服务项目，从助老志愿服务项目的策划与设计、组织实施、评估反馈三个方面依次介绍助老志愿服务的开展过程。本章为助老志愿服务项目的开展建构了规范性的框架，掌握本章内容，能够增强志愿服务组织的服务能力，提升项目管理精细化、科学化和标准化水平，促进助老志愿服务的规范化发展。

第一节　助老志愿服务项目的策划与设计

※

助老服务的过程是指开展助老志愿服务所必经的程序。近年来，越来越多的志愿服务采用项目运作化的方式，这已经成为志愿服务开展的新趋势。所谓项目，是为实现某种目的而相互联系的非长期的工作任务。助老志愿服务的开展要实施项目化运作，必须经过立项、实施、反馈等环节。

助老志愿服务项目设计意味着志愿服务项目进入启动阶段，是开展助老志愿服务的起点。志愿服务项目设计的质量高低直接决定志愿服务的效果，决定志愿服务能否达到预期的目的。助老志愿服务项目的策划与设计要坚持需求导向原则、量力而行原则和创新原则[①]。助老志愿服务项目的设计主要有以下几个步骤：

一、立项调研

限于资源、能力的约束，志愿服务组织不可能参与每个社会问题的解决。因此，志愿服务项目的确立，受到志愿服务组织的服务范围及组织的运作、潜在志愿者的动机和期待、服务对象的需求和希望三方面因素的制

① 王忠平，沈立伟 . 志愿服务组织建设与项目管理 [M]. 北京：中国人民大学出版社 ,2018.

约，因此，志愿服务项目的立项调研必不可少。志愿服务项目的立项调研通常须从服务对象的社会需求、志愿服务组织的使命、志愿者的偏好三个角度展开调研，根据调研结果，对志愿服务进行更有针对性的设计。

（一）立项调研的目的

立项调研是通过了解助老志愿服务项目的计划情况，分析项目实施所能达到的成效，以及项目对服务对象和主要利益相关方所造成的影响。具体而言，助老志愿服务项目立项调研的目的主要有以下几个方面：

一是通过立项调研确保控制项目质量。具体立项调研可以了解助老志愿服务项目的活动计划是否科学合理，及时发现项目计划中存在的问题，提出指导性意见，并做出针对性的修改和补充，以保证项目能够顺利进行。

二是通过立项调研确保项目发展目标能够实现。开展项目立项调研，一方面是了解项目目标的现实意义，另一方面确保项目能够取得预期的成果，从而确保项目目标的实现，推动助老志愿服务项目的可持续发展。

三是通过立项调研确保项目的组织管理团队有实施项目的资格和能力。项目实施的关键在于项目的执行者，一个经验丰富、行动高效的助老志愿服务组织管理团队，能够确保项目按照计划实施，实现项目的最终目标。

四是通过立项调研明确项目资金使用的规范。开展助老志愿服务项目立项调研，可以了解资金使用计划是否符合相关要求，从而确保利益相关方的利益诉求能够得到实现。

（二）立项调研的内容

助老志愿服务项目立项须从志愿服务组织内部、外部的环境出发，结合项目资源评估和目标分析，进一步了解项目的风险与可行性。助老志愿服务项目立项调研中对于项目本身的评估内容主要包括需求调研、必要性调研和可行性调研三个方面。

1. 需求调研

社会需求是项目得以存在和发展的基础，志愿服务项目是为实现志愿服务组织目标服务的。因此志愿服务项目立项调研中的一个主要内容是调研项目的需求情况，即将社会需求、组织定位、服务对象、资助方和其他利益相关方的需求进行整合，分析开展志愿服务的各种社会、经济、资源、组织等条件是否具备和是否有利，确定志愿服务项目需求解决的核心社会问题，这是志愿服务项目立项调研的一项重要内容。

2. 必要性调研

志愿服务项目必要性调研是指对志愿服务项目开展实施是否具有及时性、紧迫性等方面进行调研。主要是说明志愿服务项目针对的问题及其产生的社会背景和原因，以及针对该问题，本项目的介入方式和途径。分析助老志愿服务项目能否与老年人的需求和认知一致，是否及时回应老年人的需求，是否为实现志愿服务组织的战略目标一定要开展该项目，这方面的研究是决定志愿服务项目能否进一步实施的前提条件。

3. 可行性调研

在确认助老志愿服务项目十分必要以后，还是要对助老志愿服务项目的可行性进行调研，助老志愿服务项目可行性调研是只对项目开展的人力、物力、财力等资源以及项目对民众需求的回应程度等方面进行调研，具体的助老志愿服务项目可行性调研主要包括目标可行性、技术可行性、团队可行性、财务可行性和社会影响力。

二、评估需求

一个好的助老志愿服务项目应是助老志愿服务组织的能力、助老服务志愿者的期待和助老志愿服务对象的需求达到最佳契合的项目。在对项目进行立项调研之后，则需要根据调研的结果把握助老志愿服务对象的需求。主要包括以下四个方面的内容：

①对助老志愿服务领域的总体把握；

②对助老志愿服务组织自身所拥有的志愿服务力量和资源的把握；

③对公众和社会的认同感和感知度的把握；

④对助老服务志愿者和服务对象需求的把握。

三、确定目标

在把握了助老服务志愿者和服务对象的需求后，助老志愿服务项目的设计者就要结合志愿服务组织的能力和资源设定项目拟达成的目标。包括长期目标和短期目标、过程目标和结果目标等。项目目标的设立要具有可操作性，并且与志愿服务组织的宗旨一致。

四、策划方案

助老志愿服务项目方案的策划主要是设计一套详细、完整的项目实施方案。助老志愿服务项目策划阶段的任务是以当前国家政策、社会需求、民众积极性为出发点，以实现项目目标为终点，对启动阶段的各项说明做进一步的补充和完善。[①]在对助老志愿服务项目进行策划的过程中，应围绕项目目标的实现，建立一个持续、交互的过程，罗列项目实施细节，使项目的实施过程成为一个连续的、动态的过程。

志愿服务项目质量的高低，直接影响到该项目承载的志愿服务的好坏，影响到志愿服务是否能够达到预期的目标并满足服务对象的需求，因此策划助老志愿服务方案必须立足实际，符合老年人的需求，与助老志愿服务组织的宗旨相吻合，同时坚持创新性原则，追求社会效益，扩大项目影响。

（一）助老志愿服务方案策划的流程

1. 界定服务对象需求

在方案策划时应对调研中发现的服务对象需求进行进一步的梳理和归类，确认服务对象的需求是否真实存在，目的是在确认真实需求的基础上进行相应服务内容的设计。

2. 评估外部社会环境

在策划助老志愿服务方案时，也要注重评估项目实施的外部环境，方案策划要在法律法规允许的范围内实施，并尽可能适应当地群体文化习俗

① 唐树森．志愿服务事业项目化管理研究与应用 [D]. 重庆：重庆大学，2009：32.

传统。

3. 确定组织使命和优势

助老志愿服务方案的策划，要确认所解决的需求与志愿组织的专业优势和长远发展相一致。

4. 进行资源匹配

资源匹配要综合服务对象需求、外部环境资源和组织使命和优势，确认项目人财物的配置能够支撑项目运作，并在项目的创新性、可持续性方面作出探索。

5. 建立项目管理制度

在策划助老志愿服务方案时，因设立项目的进度、档案、财务、宣传等各项管理制度，确保项目按照所设计的时间和程序顺利推进，确保成效、痕迹完整，并在需要接受各类评估验收时有据可查。

6. 预计风险和应对措施

预估项目执行过程中可能遇到的各类风险，如团队变化、资金不足等，提前做好预案，做好风险管控。

7. 编制项目预算

综合上述信息，在遵循效益原则的前提下，合理分配资金使用领域和进度，编制合理的项目预算。

（二）助老志愿服务方案的内容

助老志愿服务项目策划的成果可以以项目方案形式进行呈现，确保信息真实、准确，符合相关方的需求和要求，服务方案的具体内容应该包含以下部分：

①项目概述：项目的主要内容和实施方法；

②项目目标：项目短期、中期、长期目标。

③项目实施情况及计划：具体活动和服务及时间表、参与人员、活动地点、活动物资。

④项目实施主要成果：具备可量化的、可监测的客观指标。

⑤项目创新性：服务内容的创新，服务方法的创新，服务成果的创新等。

⑥风险预案：常见志愿服务项目风险有政策法规影响，自然环境限制，人为因素变化，计划考虑不周等。

第二节　助老志愿服务项目的组织实施

※

助老志愿服务方案设计好以后，如果不贯彻实施，就仅仅是摆设而已。因此，助老志愿服务项目的组织实施，是助老志愿服务项目运作、助老志愿服务得以开展的关键阶段。

一、助老志愿服务团队的组建

助老志愿服务团队的组建是指对助老志愿服务项目中的人员进行合理招募和配置，对人力资源进行开发、管理和激励，并且对团队进行建设的制度、程序和方法的总和。

（一）确定招募目标

在组建助老志愿服务团队之前，我们必须了解服务项目对于志愿者的要求，以及志愿者的服务内容和志愿者的招募数量，这是对助老服务志愿者进行甄选的前提。

根据服务对象的需求，确定符合需要的志愿服务类别及服务方法，进而确定志愿者招募的类型，设定助老志愿服务岗位。助老志愿服务岗位的设置要求划定具体的工作范畴、确定志愿者的工作范围、订立招募条件和确定招募人数。

（二）招募志愿者

根据服务对象需求确定招募目标之后，就要开始招募合适的志愿者，要使助老志愿服务方案有效得以执行，助老志愿组织必须吸收、使用有一定能力的志愿者。在招募志愿者的时候，志愿组织要对志愿者进行评估，清晰地判断志愿者在志愿服务团队中能够承担的角色，选择最适合助老志愿服务方案执行的志愿者。

（三）团队人员配置和分工

确定志愿者人选之后，要根据服务方案将志愿者分配到各个岗位上，明确各个岗位的职责及分工，以保障助老志愿服务的顺利开展。在人员配置的过程中，要做到分工明确、优势互补。团队协作是衡量志愿服务项目团队优劣的重要指标。人员配置与分工得当，能够保证整个服务项目形成一种“1＋1＞2”的整合力。

（四）培训志愿者

团队成员的能力素质对于助老志愿服务团队来说尤为重要，在很大程度上决定了志愿服务项目的成败，因此对助老服务志愿者进行培训是团队建设的重要环节。在确定志愿者的岗位及分工之后，在他们正式上岗开展服务活动前，要对他们进行助老服务的专项培训。

培训的开展是建立在志愿者对自己正确定位的前提下，为志愿者承担的特殊责任做准备，主要涉及两个领域：一是熟悉志愿者工作内容；二是明确角色和职责。

二、协调利益相关方

利益相关方是指参与项目、其利益在项目执行过程中或项目完成后受到影响的组织或个人。他们会对项目的开展造成各种正面或者负面的影响，同时他们还会对项目的目标和结果施加影响。由于不同的利益相关方的需求存在差异，因此项目管理者必须采取有效的办法，对利益相关方进行管理和协调，达到平衡利益相关方需求的目的，保证项目的顺利进行。

助老志愿服务项目的利益相关方主要分为以下几类：

支持型的利益相关方，是指那些直接参与助老志愿服务项目的人或组织，他们具有较低的影响力和较高的协作力，是理想的支持项目的利益相关方。

非支持型的利益相关方，他们一般具有较高的影响力但协作力较低。

混合型的利益相关方，他们在项目中扮演着重要角色，有能力参与项目的合作，也有能力对项目成功产生重大影响。

边缘型的利益相关方，此类利益相关方与项目的合作能力和对项目的影响力都较弱，他们对项目的行为没有多大的兴趣，对项目的大多数问题也并不关心。

助老志愿服务项目要想顺利进行，必须要对项目的利益相关方进行正确的归类和管理，这个管理过程的实质就是对不同项目利益相关方的期望、预期和要求进行管理和协调，使之达到平衡状态。具体操作中，可以参照如下步骤：

第一，识别主要利益相关方的目标和需求。对利益相关方进行管理的首要任务就是识别利益相关方的需求。

第二，定义问题。定义问题是助老服务志愿者必须具备的实务技能之一，志愿者要善于运用各种技术手段，对复杂问题进行的预估和界定，能够描述问题的症状和问题产生的根源。这里的定义问题是指定义不同利益相关方之间期望的差别，并且找出可能进行调和的领域，以便工作的进一步开展。

第三，拟定解决方案。在拟定解决方案前，首先要做到的是对利益相关方信息的充分收集。其次，拟定解决方案意味着必须在考虑与其他利益相关方关系的情况下，尽可能针对不同利益相关方需求制订相应的个性化的行动方案。[①]

三、后勤筹备

虽然助老服务志愿者的行为是出于自发的志愿精神，但因参与助老志愿服务而加重其生活负担显然是不合理的。因此，在参与助老志愿服务

① 王忠平，沈立伟 . 志愿服务组织建设与项目管理 [M]. 北京：中国人民大学出版社 ,2018.

的过程中，志愿者具有维持其生存和正常生活、促进个人发展等一系列资源和条件的利益诉求。合理范围内的生活保障有助于保护志愿者的公益热情，并为他们的服务活动提供方便。

此外，对于助老志愿服务项目执行过程中将会使用到的各类物料，应列出物料清单，提早采购并运送至活动现场，避免因物料不足影响服务的开展。

四、助老志愿服务项目的执行实施[①]

做好以上几点准备工作之后，就要正式按照助老志愿服务方案实施助老服务，在执行方案的过程中，要做到注意以下几点：

（一）志愿精神的渗透

每个志愿服务项目都有自己的项目目标，但贯穿在不同志愿服务项目中有普遍性的道德价值，即对志愿精神的践行。助老志愿服务作为志愿精神实现的重要载体之一，要在每个环节中渗透志愿精神。只有通过助老志愿服务的实施以及助老服务志愿者的具体行动，才能将志愿精神外化，让志愿者和服务对象，以及关注助老志愿服务项目的公众深刻感知到志愿精神。

（二）按方案计划行事

助老志愿服务项目在策划设计的过程中，就已经制订了详细周全的服务计划，并有种种措施以保障计划的顺利进行。只要助老志愿服务团队严格按照服务计划行事，各司其职，各尽所能，是能够保证服务质量的。同时，在服务方案的指引下，实行严格的流程控制，明确每阶段志愿者的职责、阶段性工作完成的期限以及工作成果，并严格监督执行，从而保证服务的连续性。

（三）助老志愿服务团队的有效管理

优秀的助老志愿服务团队是助老志愿服务项目能够顺利执行的中坚力量，有效的团队管理更是志愿服务项目的重要保障。志愿服务团队的管理

---

① 佘双好 . 志愿服务概论 [M]. 武汉 : 武汉大学出版社 ,2013.

有很多的诀窍和技巧，重点是选择好的团队领导以及合理配置志愿服务团队内的各成员。

（四）设置助老志愿服务项目督导

助老志愿服务项目督导不同于团队领导者，督导可以是志愿者，但必须具备督导、管理相关的专业知识，需要监督、指导助老志愿服务项目的正常运行，同时在项目执行过程中出现突发事件时能快速反应，予以积极指导。督导不仅对整个助老志愿服务团队负责，更要对整个助老志愿服务项目的监控、指导负责。

第三节　助老志愿服务项目的评估反馈

※

助老志愿服务项目的评估是通过总结助老志愿服务项目的运作情况以及取得的效果，从而不断规范助老志愿服务项目的建设，全面提高助老志愿服务的社会影响力。对助老志愿服务项目进行科学的评估是检验助老志愿服务项目成败的重要依据。[①]

一、助老志愿服务项目评估的作用

（一）实现服务目标的保证

项目评估是保证服务达成目标的重要手段，国内外大量实践经验表明，缺乏评估是项目失败的重要原因之一。

（二）对相关利益群体负责

助老志愿服务组织往往是为了公益目标进行活动的，其资源也主要来自捐赠者，助老志愿服务组织有必要向捐赠者、政府和利益相关方披露资金的流向和资金的使用效果，这就需要对项目进行评估，没有科学、客观、公正的项目评估，披露流于形式。

① 王忠平，沈立伟．志愿服务组织建设与项目管理 [M]. 北京：中国人民大学出版社 ,2018.

（三）树立助老志愿服务组织社会公信力

助老志愿服务组织需要定期公布相关的组织信息、项目信息和财务信息，从而让公众对助老志愿服务组织有所了解并产生信任。开展项目评估，不仅有助于提升项目的效率与效果，而且有助于提升助老志愿服务组织的社会公信力。

（四）提升助老志愿服务组织的能力

项目评估不仅有助于项目的控制，而且有助于助老志愿服务组织发现项目管理中存在的问题，总结经验，从而提升助老志愿服务组织的服务能力。

二、助老志愿服务项目评估的内容

（一）团队评估

随着助老志愿服务的快速发展，助老志愿服务团队越来越重要，特别是在助老志愿服务项目整体绩效评估中的作用变得越来越重要。助老志愿服务项目团队评估的目的是对项目团队在活动过程中的整体条件和水平进行衡量，以促使团队成员按照项目利益相关方的要求完成项目任务，具体包括判断项目团队是否有能力执行项目、增进团队沟通交流、加强团队自身建设和提高团队工作绩效。

助老志愿服务项目团队评估包括评估项目团队成员数量是否足够、团队人员结构配置是否合理，团队成员的能力素质如何，团队工作效率如何，团队内部能否妥善合作，团队成员工作的主动性、学习性以及成长力是否积极等方面。一般包含如下内容：

1. 团队负责人的经验和能力

在助老志愿服务项目团队中，团队负责人发挥着至关重要的团队管理作用，需要对他们的服务经验、管理能力、协调能力和领导力进行评估。

2. 项目团队配置情况

助老志愿项目的成功不仅靠负责人，更需要项目团队的通力合作才能保证项目的顺利落地实施，这一方面的评估主要考察与项目匹配的团队人数，与项目匹配的团队能力和构成及团队稳定性三个方面。

3. 助老服务志愿者配置情况和管理的规范性

进行助老服务志愿者评估是对助老服务志愿者工作的考核与认可，也是对志愿者进行有效激励的手段之一，评估的重点是助老服务志愿者配置与分工、助老服务志愿者能力素质、助老服务志愿者培训的保障情况、助老服务志愿者团队的稳定性和助老服务志愿者管理的规范性五个方面。

4. 项目团队和助老服务志愿者同类项目的经验

在进行助老志愿服务项目团队评估时，团队同类项目的经验也很重要。对于项目团队同类项目的经验，重点关注以下三个方面：一是项目团队成员是否有做过志愿者的经历；二是项目团队成员具体参与过哪些志愿服务项目；三是项目成员参与的志愿服务项目取得了什么样的成效。

5. 项目团队的管理水平

项目团队的高效运作离不开内部良好的管理制度，每个项目都必须提供相关的项目管理制度，以保证项目效果的实现。项目管理的规章制度和工作流程和项目的档案制度是评估的重点。

6. 团队的志愿服务热情

在评估团队的志愿服务热情时，一般可以考虑团队的持久性、团队的向心力和凝聚力两个方面。

7. 获得的奖励与荣誉

项目团队的奖励和荣誉是对整个团队成员的能力的一种肯定，更是一种正面激励。需要重点关注项目团队是否获得过志愿服务项目的奖励与荣誉以及所获奖励和荣誉的级别。

（二）财务评估

财务评估是项目评估中的一项重要内容，不管是项目前评估还是项目后评估都需要项目财务评估。助老志愿服务项目财务评估是指在国家现行财税法规和制度下，从助老志愿服务项目财务角度出发，对项目整个周期的财务总体情况进行评估，考量项目资金使用的合规性和合理性，为判断项目的资金使用率和长期可行性提供可靠依据。关键的时间节点主要包括：收集财务数据、分析财务数据、编制财务评估表、分析财务指标、财务评估结果反馈。

助老志愿服务项目财务评估内容一般包括项目资金支出的合规性、项目配套资金的落实情况、项目财务状况以及项目会计资料的真实性、合法性、完整性。

（三）绩效评估

绩效评估是一种人力资源管理方法，在企业管理中应用非常普遍。“绩效评估是被用来评价目标实现的过程，主要包括：将资源转化为物品或者服务的效率，提供给顾客的物品和服务的效果。”[①]

作为助老志愿服务项目评估全过程的最后一环，助老志愿服务项目的绩效评估体现着项目的专业性和完整性，是推动助老志愿服务水平提升的重要手段。

对助老志愿服务项目进行绩效评估可能是来自项目资助方的要求，也可能是项目实施方自行开展的。无论是哪一方的要求，其目的都是了解助老志愿服务项目的实施成效，以便做出下一步的决策。助老志愿服务项目绩效评估一般包括以下内容：

1. 项目目标实现程度

项目目标是项目活动预期要达到的目标，这些预定目标的实现程度集中反映了组织者对于项目的把控程度。

2. 项目成果产出

项目成果产出指项目开展的服务给服务对象带来的直接影响，包括知识和技能的更新、态度的转变、行为上的变化等。在评估项目成果产出时，可以具体评估项目的直接受益人数、项目服务人员的成长和改变、服务对象的生活质量的改变情况等。

3. 项目效果

项目效果评估是将项目所要回应的服务对象需求与项目实际成果并置，根据项目完成后的实际情况，反思项目设计是否真的有助于满足该项需求以及满足程度。

4. 项目效率

项目效率评估包括成本效益评估和成本收益评估两类，成本效益评估是将项目的成本与其主要成果或收益相关联，成本收益评估则试图将项目

---

① 陈伟明，王骏．开展政府购买服务绩效评价的探讨 [J]．中国财政，2014（06）：56-57.

成本与项目的多个收益的全部或部分的货币价值相比较。

5. 项目受益对象

项目应当具有明确的受益对象、受益范围，且项目目标符合受益对象的需求。项目绩效评估不仅要关注受益对象的数量和为受益对象提供了多少服务，还要关注受益对象的满意程度。

6. 项目创新性

助老志愿服务项目绩效评估的创新性评估主要体现在对已完成项目创新方式和创新效果的检验。主要体现在项目设计的理念是否新颖、项目实施和运作的方式是否有特色等方面。

7. 项目可持续性

项目的可持续性是评价志愿服务项目价值的重要方面。对项目可持续性进行评估主要可以从资源建设的延展性、团队内部的传承性、项目的可复制性等几个方面考虑。

（四）影响评估

助老志愿服务项目作为公益慈善领域发挥志愿者资源优势的重要服务载体之一，经过一定周期的实施之后也会对项目实施地的经济状况、政策环境、文化氛围、思想观念等产生深远的影响，因此，为了更好地评判助老志愿服务项目社会影响的优劣，有必要运用专业的方法对助老志愿服务项目实施后产生的影响开展一系列的评估工作，即助老志愿服务项目的影响评估。

助老志愿服务项目影响评估一般是事后评估，评估的目标是促成一个在生态、社会、文化和环境上可持续和公平的环境，判断和知晓助老志愿服务项目实施之后对于志愿服务文化建设、志愿服务氛围及意识、志愿服务政策制度以及社区共治与居民自治等基层治理创新有哪些促进作用。

实例分享6-1

“红太阳”爱老志愿服务

为深入贯彻习近平新时代中国特色社会主义思想，推进立德树人工作，引导学生培育和践行社会主义核心价值观，进一步弘中华民族敬老爱幼、尊师爱生的优良传统，优化关心下一代工作，苏州大学纺织与服装工程学院2018年成立“红太阳”爱老志愿服务队。

“红太阳”爱老志愿服务队最大的特色与亮点是“双向互动”，互动双方分别为本学院青年学生和本学院退休教师。一方面，青年学生服务退休教师的服务内容有：情感陪伴、爱心家教、新事物认知、生活便利四个方面。其服务要求是：精准服务、组队服务、阶段服务、规范服务。其中，精准服务指的是针对单个退休教师（家庭）的实际需求，开展志愿服务；组队服务指的是组队开展服务活动，每个小组3人，其中男生不少于1人、女生不少于1人；阶段服务指的是服务以活动实施时间内为主，单个服务小组，每学期定向开展服务2—3次，单次服务时间约1.5小时（不包含路程时间）；规范服务指的是服务小组开展服务要遵循预约制度、汇报制度和记录制度。

另一方面，退休教师服务青年学生的服务内容有：思想教育、教学督导、生涯指导、助学帮困四个方面。针对这四方面的内容开展了思想政治教育组、教育教学督导组、青年发展指导组。其中思想政治教育组开展了“老少共话中国梦”、爱校荣校教育活动；关工委对新生开展主题为“回顾历史，做新一代纺服人”的师生见面会；对学院一些需要重点关心的对象，工作指导组的老师多次进行谈心；苏州大学原副校长白伦教授针对新生专业思想不稳定做了关于“纺织服装行业的新形势”的报告。教育教学督导组围绕院风建设、学风建设、教风建设、服务学生学习成长四个方面开展了督学、督研、督教工作。青年发展指导组的开展主要围绕青年学生就业指导、升学辅导、帮困扶贫、心理辅导四个方面。

“红太阳”爱老志愿服务的亮点设计是青年学生和退休教师的“双向互动”。苏州大学纺织与服装工程学院关工委打造的双菜单制平台，加强了日常工作的系统性、针对性、连续性。另外，这些活动的开展无论对学生的心理成长、未来规划还是满足退休教师（家庭）的实际需求都大有裨益。这对于今后开展类似的助老志愿活动具有非常大的借鉴意义。。

思考与讨论

1. 简述助老志愿服务项目方案的内容及策划流程。
2. 执行助老志愿服务项目的注意事项有哪些?
3. 简述助老志愿服务项目评估的主要内容。
4. 根据本章的主要内容，设计一份助老志愿服务项目方案。

第七章

助老服务志愿者管理

本章主要从助老服务志愿者的规划与分析、招募与选拔、培训、督导与评估、保障与激励等方面介绍了助老服务志愿者管理的主要内容，同时阐述了助老服务志愿者管理的特点和必要性。

第一节　助老服务志愿者管理概述

※

一、助老服务志愿者管理的含义

志愿者管理是一个包含于人力资源管理的子系统。人力资源管理是指在经济学与人本思想指导下，通过招聘、甄选、培训、报酬等管理形式对组织内外相关人力资源进行有效运用，满足组织当前及未来发展的需要，保证组织目标实现与成员发展的最大化的一系列活动的总称。志愿者管理也是对人的管理，是为处理人与工作、人与人、人与组织的互动关系而采取的一系列管理活动。

助老服务志愿者管理则是指为了更好地为老年人提供服务活动，满足老年人的各类需求，提高助老志愿服务的服务质量，根据志愿者管理制度和办法对实施助老专项服务的志愿者进行开发、培训、整合、调控等一系列管理活动。

志愿者管理与常规的人力资源管理还有着不同之处，常规的人力资源管理的管理对象是企业或组织内的员工，组织对于员工的约束力较强，他们之间有较多的利益牵扯。而从事助老服务的志愿者大都是自发自愿从事服务的人员，他们可以是正式组织中的正式成员和非正式成员，也可以是非正式组织中的成员，组织对于他们的约束力不强。因此，助老服务志愿者管理的难度相对于常规的人力资源更大，其目的是通过计划、组织、实施，对志愿者进行招募、培训、监督、评估、激励，从而使志愿行为发挥最大化的作用。

二、助老服务志愿者管理的特点

助老服务志愿者是一种特殊的人力资源，对其进行管理不能简单套用常规的人力资源管理模式和方法。助老服务志愿者的管理与人力资源管理的区别主要是价值观和责任感的不同，助老服务志愿者的管理更强调对社会及他人的关怀，对助老服务志愿者的管理更具特殊性。

（一）助老服务志愿者管理要考虑志愿者身份的特殊性

从事助老服务的志愿者，一般不是助老志愿服务组织内的正式员工，他们具有很强的自主性和自发性，组织对于志愿者的约束力不强，组织不可以用正式员工管理的制度方法对待志愿者。志愿者对于志愿服务组织来说也不意味着廉价劳动力或免费劳动力，而是一项重要的资源。因此，助老服务志愿者的管理充分考虑到志愿者身份的特殊性。

（二）助老服务志愿者管理要考虑志愿者需求的特殊性

志愿者从事助老服务，更多的是在一种责任、信念和使命感的驱使下产生的自觉自愿的行为，而不是在利益动机驱使下为了获得物质利益和金钱报酬。志愿者靠自己的热情、兴趣和能力参与助老服务，同时在服务过程中渴望得到尊重、理解和支持。因此，助老志愿服务组织应充分考虑志愿者的需求和期望，给予志愿者更多发挥自身价值的机会和空间，维持志愿者的服务热情，提升志愿者的服务能力，并让他们有所收获。

（三）助老服务志愿者的管理兼具助老志愿服务组织的管理

助老服务志愿者对志愿服务组织抱有比企业更高的期望，因而志愿服务组织的公信力对于志愿者的管理有着重要的影响。组织的管理不善、公信力不强会造成志愿者的流失，同时更难以招收高素质的志愿者，最后造成社会资源的浪费。因此，想要做好助老服务志愿者的管理，必须做好助老志愿服务组织的管理，令组织有公信力。组织的公信力越强，就更容易在志愿者中树立权威的形象，从而更好地实施助老服务志愿者的管理。

三、助老服务志愿者管理的必要性

自从西奥多·W·舒尔茨在其经典著作《人力资本投资》中提出“人力资本”概念以来，人力资源的作用和人力资本的投资收益率也开始受到人们的广泛重视，人力资源的地位日益凸显。在当今世界里，无论从何种意义上说，人力资源都已经成为组织中最重要的资源，志愿服务组织也不例外。[①]同样，志愿服务也已成为文明社会不可或缺的一部分，是人道主义援助、技术合作、改善人权、促进民主与和平的重要组成部分，志愿服务也成为许多非政府组织、专业性团体、商贸机构、民间组织及越来越多的个体组织开展活动的基础。志愿服务的需求不断增加，志愿者资源因此显得尤为重要。

然而，长期以来，非营利组织一直忽略对志愿者的管理。很多志愿服务组织的管理者认为，自己从事的是公益事业，组织成员与雇佣员工完全不同，所以他们经常避讳谈及人力资源管理。大多数的志愿服务组织将重心都放在组织物质资源和财务资源的管理上，忽略了人力资源管理尤其是志愿者的管理。长期以来的这种忽视也给志愿服务组织带来了种种问题，如组织效率低下、志愿者流动率高、志愿者素质参差不齐等问题。因此对助老服务志愿者进行有效的管理十分必要。

首先，从助老服务志愿者自身角度看，对助老服务志愿者进行管理，有利于规范助老服务志愿者的助老服务行为，提高他们对自我角色的认知，提升自我修养，避免在服务过程中出现不符合规范的行为。对助老服务志愿者进行管理，也能够让志愿者感受到尊重与支持，在服务过程中充分发挥志愿者的价值，延续他们开展助老服务的热情。

其次，从服务对象角度看，对助老服务志愿者进行管理，有利于提升助老服务志愿者的助老服务能力，从而为老年人提供更优质的帮扶服务，有针对性的满足老年人的特定需求，也更有利于志愿者与服务对象之间的双向沟通。

第三，从助老志愿服务组织角度看，对助老服务志愿者进行管理，有

---

① 王忠平，沈立伟 . 志愿服务组织建设与项目管理 [M]. 北京 : 中国人民大学出版社 ,2018.

利于规避组织风险，提升组织的公信力。如果志愿者不能够被有效管理，在助老服务过程中容易出现一些负面现象，对于志愿服务领域和组织都会造成影响。尤其是在《中华人民共和国慈善法》出台后，按照相关条款，如果志愿服务过程中造成了一定损失，志愿服务组织或志愿者都要承担相应的责任，因此加强对志愿者的管理有利于规避不必要的损失，维持组织的公信力。

第四，从助老志愿服务组织的发展角度看，助老服务志愿者是组织的重要资源之一，有效动员和管理志愿者，不仅能解决组织人力资源的问题，志愿者也有可能发展为组织的支持者甚至是未来的管理者，对于组织的长久发展及组织形象建设都具有非常积极的价值。

第二节　助老服务志愿者的规划与分析

※

一、助老服务志愿者的规划与开发

志愿者管理从拟订志愿者规划时就开始了，作为志愿者管理的第一步，规划是招募志愿者的基础和前提条件，是任何志愿者管理项目获得成功的关键所在，是志愿服务组织根据自身的使命和目标或者所要实施项目的性质，对所要招募的志愿者的岗位和项目进行工作规划和设计，以确定招募志愿者的数量、类型和能力要求，包括设计志愿者岗位、创建申请表格、制定有关政策和对志愿者进行其他方面的培训等。

助老服务志愿者的规划要结合助老服务项目和老年人群体的特点，根据助老服务的使命和目标，设计不同类型助老服务志愿者的招募数量，明确他们在助老服务项目中的责任分工，划清岗位界限，根据岗位的能力要求制订招募原则。

志愿岗位规划是一个综合性发展计划，其主要目的是使志愿服务组织在恰当的时间、适当的岗位获得合适的志愿者，从而实现志愿者资源的有效配置。实践经验表明，恰当的规划能起到最好的动员作用，每个人都可能被说服参与到志愿工作中来，一个良好的工作计划能够扩大志愿者招募过程中的潜在目标。合理而系统的规划能保证组织的下一步工作顺利进行，从而取得预期的效果。

志愿者岗位规划是一个长久持续的过程，需要按照一定的步骤进行，一般而言，具体实施的步骤有：调查分析、供需预测、制订规划和实施评估。[①]

二、助老服务志愿者的岗位分析

在对助老服务志愿者的岗位进行规划之后，面临的第一个问题就是，要志愿者来干什么，这就需要对助老服务志愿者的岗位进行工作分析——描述志愿者的工作，即对志愿者所要从事的志愿服务的工作任务、职责要求、工作保障及工作收获等方面进行具体说明。

进行志愿者岗位分析是志愿者管理的一项核心职能。主要是对每一个志愿者岗位的性质、任务、职责、劳动条件和环境，以及志愿者承担本岗位任务应具备的资格条件所进行的系统分析和研究，并由此拟定岗位规范、工作说明书等管理文件的过程。岗位分析的主要目的是更好地利用和管理好每一个志愿者岗位，使岗位的功能得以发挥，最终促进志愿服务工作的完成。

在对助老服务志愿者的岗位进行分析前，需要对岗位信息进行收集、整理、分析与综合，确定这些岗位的职责以及这些岗位的任职人选，最后形成助老服务支援岗位说明书。说明书的内容应该包括：岗位名称、岗位所涉及的职能领域，岗位所需要的资格（如技能、知识、经验、个人态度等），工作时间、工作内容及形式，与岗位相关的保障与激励措施。

一份好的助老服务岗位说明书需要将助老志愿者岗位的设定与助老项目计划相协调，使助老志愿服务组织、助老服务志愿者及老年人都能受益，实现岗位规划的目标和与服务要求相配合的最佳效果。

---

① 魏娜 . 志愿服务概论 [M]. 北京：中国人民大学出版社 ,2018.

第三节　助老服务志愿者的招募与选拔

※

一、助老服务志愿者的招募

（一）助老服务志愿者招募的原则和标准

助老服务志愿者的招募是寻找能够满足服务对象需求的志愿者的过程，招募的关键是把志愿者的需求与志愿组织的需求有机结合起来，通过志愿者的参与，实现志愿组织服务老年人的目标。同时在这个过程中也实现志愿者的个人目标，并发挥其最大的潜能。因此，助老服务志愿者的招募要遵循以下两条基本原则：其一，在一定范围内，根据可能性广泛思考志愿者的可能使用情况，然后根据信息和招募志愿者的方法缩小寻找的空间；其二，提供吸引人的岗位，用富有弹性的工作和事件构架来完成招募的工作任务。[①]

在实施正式的招募工作之前，志愿服务组织还须制定助老服务志愿者招募的标准，主要有基本标准和关键标准两大类。基本标准是用来衡量助老服务志愿者能否开展助老服务工作，关键标准则是衡量志愿者能否做好助老服务工作。

---

① 张钟汝，顾青 . 助老服务志愿者手册 [M]. 北京：中国社会出版社 ,2008.

助老服务志愿者招募的基本标准即志愿者胜任岗位的最基本要求，主要有三个维度：

成员技能与岗位职责相匹配。高质量的志愿服务活动需要专业技能做基础，如果盲目追求志愿者数量，而忽视了志愿者与岗位职责和任职要求的匹配情况，不仅会打击志愿者的参与积极性，还会造成服务项目推进乏力。因此，助老服务志愿者岗位招募的人选一定要掌握一些关于老年人及助老服务的专业知识，具备助老服务的必备技能。

成员个性与团队特色相匹配。只有正确匹配志愿者个性与组织角色，志愿者自身的价值才能充分发挥。助老服务志愿者的性格特质适合与老年人交流，适合从事助老服务，才能在不被老年人排斥的情况下为老年人提供更优质的服务。

成员价值观与组织价值观相匹配。价值观支配个体行为，在志愿者身上体现得尤为明显，志愿者与志愿服务组织不存在经济契约和从属关系，他们从事志愿服务活动往往是基于对志愿精神的认同和对志愿服务组织、志愿服务工作的认可。招募与组织的宗旨、使命、文化特点、服务对象和内容相匹配的志愿者可以带来更高的稳定性。

助老服务志愿者招募的关键标准是岗位胜任能力，如沟通能力、组织协调能力。灵活性、主动性是助老服务志愿者领袖的关键能力，他们经常需要协调各类关系、处理突发事件。而对于直接提供助老服务的一线志愿者，需要更加关注他们的奉献精神、服务意识、责任心和耐心等。除此以外，岗位胜任能力还包括系统思考能力、决策能力、激励能力、人际交往和自我控制能力，这些能力对于不同岗位的重要性往往是不同的，助老志愿服务组织要根据不同岗位，设计出岗位能力的权重，从而设计出对于助老服务志愿者招募的关键标准。

（二）助老服务志愿者的招募形式

在招募的过程中，志愿组织一般比较容易遇到两个问题：一是招募不到足够的助老服务志愿者；二是难以招募到符合特殊要求的助老服务志愿者。为了解决这个问题，就要通过一定程序在社区或者若干应聘者中选择最合适的助老服务志愿者人选。对助老服务志愿者的招募，通常采取两种不同的形式。

针对工作内容不难、技术性要求不强的助老服务志愿者岗位，可以采取简单招募的方式，具体可以采取张贴招募启事、利用大众传媒、口头宣传、开会募集等方式进行招募

针对专业技能要求高的志愿者岗位，例如法律援助、医疗救护等工作岗位，则须采取目标招募的形式。这就需要有报名和面试两轮招募环节。通过两轮招募环节，志愿服务组织就可以确定合适的助老服务志愿者的人选。

二、助老服务志愿者的选拔

助老服务志愿者的选拔一般与助老服务志愿者的招募同步进行，在招募开始后，会陆续收到对助老志愿服务项目或活动感兴趣的志愿者的申请和报名，而组织需要从众多的申请者中挑选出合适的助老服务志愿者。选拔助老服务志愿者是一个确保志愿者和岗位相匹配的过程。志愿者要在时间、知识、技能、经验以及个人素质方面满足岗位的需求，而这个岗位也需要满足志愿者的内在需求。

选拔助老服务志愿者的目标是保证助老服务志愿者个人与助老服务组织的匹配度，以及助老服务志愿者与其即将开展助老服务的志愿者团队的匹配度。完整的助老服务志愿者的选拔过程应该包括：

第一，初步筛选：志愿组织以招募原则和招募标准为依据对应聘者的资料进行选择，在具体操作中，应全面审核申请者的资料中所包含的全部信息。

第二，面试环节：面试环节主要是综合考察志愿者的申请动机、服务经验、专业知识、助老能力、行为个性等，以确定应聘者是否与所申请的岗位要求相匹配。

第三，其他测试：除了之前的简历资料分析和面试环节，对助老服务志愿者的考察还可以包含笔试、心理测试等其他测试。

对助老服务志愿者的选拔工作完成之后，助老志愿服务组织还需要进行最后的志愿岗位和人员的匹配工作，并与通过选拔的志愿者签订书面的助老志愿服务承诺书，承诺本人按要求参与助老志愿服务，并服从组织的管理安排，最终为助老志愿服务组织选拔出能做、愿做且能做最好的助老服务志愿者。

第四节　助老服务志愿者的培训

※

当志愿者被招募进组织之后或参加服务项目之前，志愿服务组织需要对志愿者进行培训。志愿者培训是指志愿服务组织为提高志愿者的综合素质和服务能力，依据志愿者工作职责的具体要求，设计合适的教学内容，为志愿者传授、讲解完成志愿工作所需的知识、技能、能力和态度的过程。通过专家、学者、专业志愿者的培训，即将上岗的志愿者能够从中掌握志愿服务的基本知识、理念，拥有良好的沟通能力、合作精神以及专业的服务技能，使自身的服务更专业、更贴近服务对象的内在需求，为高质量地完成志愿服务项目打下坚实的基础。

一、助老服务志愿者的培训内容和形式

一般来说，助老服务志愿者的培训主要分为通识培训、专业技能培训和素质拓展培训。

（一）通识培训

通识培训是以帮助志愿者掌握基础的服务技能，尽快适应志愿服务岗位为目标的活动。这类培训的主要目的是使助老服务志愿者对有关服务机构和服务的基本情况有个大致的了解，并掌握一些常识性的知识。通识培

训的内容往往较为浅显，比较容易传授和学习：

首先，掌握服务对象的基本要求，如老年人的基本需求有哪些、服务注意事项有哪些。

其次，熟知助老志愿服务的相关知识，如助老志愿服务与助老服务志愿者的基本概念、参与助老志愿服务的意义与价值、助老服务志愿者的角色与责任、助老志愿服务的目的及内容、助老服务志愿者的权利与义务。让助老服务志愿者领悟志愿精神的实质，以便更好地投身于助老志愿服务工作。

第三，了解助老志愿服务项目的具体计划，使助老服务志愿者对其工作的流程和内容有一个基本的了解。

具体的通识培训可以从以下方面入手：

第一，助老志愿服务知识培训。主要传授助老志愿服务基础知识，使助老服务志愿者对助老志愿服务项目及所在的助老志愿服务组织有基本的了解和掌握。

第二，助老志愿服务技能培训。主要是指助老服务志愿者按照志愿服务岗位的专业要求所应掌握的相关专业知识和技能的培训。

第三，助老服务志愿者心理辅导。又称助老服务志愿者心理健康辅导，指的是心理辅导者与助老服务志愿者之间建立一种具有咨询功能的融洽关系，以帮助志愿者正确认识助老志愿服务的功能和价值，以及助老服务志愿者自身在助老志愿服务过程中的价值，从而使助老服务志愿者接纳自己，进而欣赏自己，克服助老志愿服务过程中的障碍，充分发挥个人潜能，更好地参与助老志愿服务。

（二）专业培训

专业培训是建立在通识培训基础之上的，是针对服务于有特殊需求的老年人的志愿者，对助老志愿服务中所需的特殊技能所做的培训，是对助老服务志愿者的进一步要求，如法律援助知识、健康护理知识、如何面对关怀临终老人等。培训内容在设置上通常具有针对性，会根据老年服务对象的需求差异做一些专门的培训。例如：

针对特殊服务群体进行培训，当服务对象为一些特殊的老年人群体时，如残疾老年人、空巢老年人和患特殊疾病老年人，对助老服务志愿者专业技能要求会更高，助老服务志愿者的培训课程也会相应增加。

（三）拓展培训

拓展培训是助老服务志愿者培训的重要内容，它关注助老服务志愿者素质能力与管理知识的拓展，既是促进助老服务志愿者能力提升的重要环节，也是提高助老服务志愿者吸引力的重要途径。主要有以下几类：

一是素质拓展培训：素质拓展培训是针对助老服务志愿者沟通能力和应变能力的培训，这类培训可按个别需要于服务的初期提供，或在志愿服务过程中进行培训。主要有两个方面的内容：一是志愿服务伦理价值观的培训，包括志愿精神培养、尊重服务对象、保护隐私及自我防护等；二是志愿者素质能力提升培训，包括沟通聆听技巧、建立关系技巧、运用社会资源、处理突发事件、自我了解及自信心提升等，目的就是使助老服务志愿者面对各种突发状况时都能够有效地开展工作。

二是志愿者管理能力培训：即管理工作中所需的计划、组织、协调等方面的知识及方法的拓展培训，要求志愿服务组织管理人员掌握招聘、面试、培训、上岗、督导、评估等一系列的管理内容及技巧。

最后还有一类培训是针对助老服务志愿者中的佼佼者，就是管理方法培训，这是对部分有领导能力的志愿者做进一步的提高培训。通过这类培训，可以学习到分析问题、解决问题的方法、团队合作及互动技巧、志愿活动程序设计等方面的内容。

助老服务志愿者培训形式也有多种方式，如讲课、小组讨论、技巧示范、实地参观、个案研究等。具体的培训方法有：志愿者、志愿服务的个案研究或专题讨论，定期举办咨询会、志愿服务总结会，邀请培训讲师举办关于工作分配、监督、团体合作的管理知识讲座等。选择合适的培训方式对于助老服务志愿者的培训是否有效至关重要。

二、助老服务志愿者的培训流程

（一）培训前：需求分析，制订计划

1. 确定培训需求信息

组织分析：分析组织目标、资源、环境等因素以准确找出组织存在的问题。

任务分析：确定培训的内容，详细描述志愿者执行的培训任务和完成培训任务所需的知识、技能等。

人员分析：帮助组织确定需要培训的志愿者，通过计算志愿者目前的实际工作绩效与预期工作绩效的差别，以判断培训的必要性。

2. 制订培训计划

培训对象：确定培训对象是管理型志愿者、日常型志愿者还是项目型志愿者。

培训规模：培训规模通常与培训策略紧密结合，根据不同的培训规模制订不同的培训策略。

培训时间和地点：依据培训内容、培训费用以及受训生源的具体情况确定培训时间和地点。

培训教师：对于志愿者自我发展的训练，有经验的组织管理者或志愿者均可作为培训教师；而涉及助老专业志愿服务的培训则需要请专业教师、经验丰富的管理者或相关专家进行培训。

培训费用：培训教师劳务费、教学用具费、场地费、材料费等费用的总和。

3. 确定组织培训结构及分工

针对培训的供需结构，为志愿者培训配备相应的组织队伍，保障各阶段培训工作的顺利进行。

在培训机构上，成立培训领导小组、培训业务指导小组、培训评估小组，分管志愿者培训工作的各项事宜。

在培训分工上，应在各小组的基础上，将志愿者培训工作的具体内容细化到个人。

（二）培训中：选择方法，开展培训

为实现培训目标，培训方法应符合助老服务志愿者组织人力资源管理的基本特征，注重实效；应利用现代科技手段以低成本完成高效益的培训项目。在实际操作中，可以根据培训需求、培训目标和现实情况灵活选择以下几个培训方法：研讨培训班、讲授培训法、情景模拟培训法、网络培训法等。

（三）培训后：评估培训，提高绩效

评估培训实质上是对志愿者培训活动的价值进行判断的过程，科学有效的评估能提高培训的针对性和实效性，进而提升志愿者的整体素质，为社会提供更加优质的志愿服务，具体的评估内容主要包括评估培训方法、评估学习绩效和评估讲课效果。

综上所述，对助老服务志愿者培训工作进行需求调查、培训开发、计划准备、实施和检测评估等一系列高效的培训管理是十分必要的，可以提高培训的针对性和实效性，进而提高助老服务志愿者的整体素质和服务能力，为老年人提供更加优质的志愿服务。

第五节 助老服务志愿者的督导与评估

※

一、助老服务志愿者的督导

（一）助老服务志愿者督导的目的和功能

志愿服务组织往往通过志愿培训来保证志愿者的服务质量，而持久地保证志愿者的服务质量并维持其较高的工作效率，则需要做好志愿者督导工作。志愿者的督导是志愿者管理中的重要组成环节，是指在遵循组织制度基础上，通过教育训练与专业支持，协助志愿者达到最佳的工作效率，并促使服务对象、志愿者督导和所属组织均能获得相当程度的满足感。[①]在助老服务志愿者从事助老志愿服务期间，助老志愿服务组织应当通过定期的督导以帮助志愿者发现工作中存在的问题和不足，并能找出工作失误的原因，制订改进计划，保证助老服务志愿者从事助老志愿服务的效率与质量。

总的来说，助老服务志愿者督导具有以下三大功能：

行政功能：要求督导在被督导者的招募与选择、被督导者的引导与安置、工作计划与分配、工作监督、回顾与评估、工作授权与协调等方面担

① 佘双好．志愿服务概论 [M]. 武汉：武汉大学出版社 ,2013.

任指导责任。

教育功能：要求督导对被督导者完成任务时所需的知识与技能给予指导，协助被督导者达成目标。

支持功能：要求督导向被督导者提供心理和情感上的支持，促使被督导者感受自我的重要性与价值感，增强志愿者持续参与的动机，降低志愿者流失率。

（二）助老服务志愿者督导的工作内容

一般来说，助老服务志愿者督导的工作内容主要有以下六个方面①：

一是根据助老服务志愿者的基本需求，协助助老服务志愿者培养适当的服务价值观与工作态度。

二是把握助老服务志愿者督导与助老服务志愿者双方的角色职责与期待，建立彼此信任的关系。

三是确保助老服务志愿者在助老志愿服务组织的目标与行政程序之内提供助老服务，做好志愿者与志愿服务组织间的沟通工作。

四是切实做好工作安排与分配，随时帮助助老服务志愿者补充专业知识与服务技能。

五是及时表扬助老服务志愿者优良的工作表现，对无效工作表现要给予建设性的意见。

六是妥善处理助老服务志愿者间的冲突。

（三）不同时期的志愿者督导

在助老志愿服务项目的不同阶段，助老服务志愿者对活动的参与具有不同的特点，而且可能出现不同的风险和困难。因此，在助老服务志愿服务项目的不同阶段，助老服务志愿者督导的工作内容、侧重点也应有所不同。对助老服务志愿者的督导管理应该分阶段进行。

1. 启动期的督导

在助老志愿服务活动启动之时，助老服务志愿者在陌生的社会环境中工作，同时必须在陌生环境中协调与相关机构、人员的关系。但是，由于助老服务志愿者可能会在处理人际关系时缺乏经验，极有可能在志愿服务

① 全国社会工作者职业水平考试教材编写组．社会工作综合能力（中级）[M]. 北京：中国社会出版社，2017.

过程中遇到矛盾，陷入困境。此外，由于对陌生环境缺乏全面、深入的了解，对老年人不够熟悉，助老服务志愿者常常对某些不可预测的风险估计不足，对老年人的需求把握不清。鉴于这些特点，在项目的启动期，督导人员应该传授给志愿者某些经验，帮助志愿者熟悉各种关系，了解老年人的特征及需求，给予志愿者情感上的支持，帮助他们尽快进入角色。

2. 实施期的督导

在助老志愿服务活动实施期间，并不是所有的助老服务志愿者都能够将兴趣和热情贯穿于助老志愿服务过程的始终，这时候，督导人员应根据志愿者的基本需求，协助志愿者建立适当的服务价值和工作态度，切实做好各项工作的安排和分配，随时帮助志愿者提高服务水平，加强与志愿者的日常沟通，为志愿者提供更多的支持和鼓励，或者可以适当给予志愿者一定的休整时间，使其在身心方面得到适度调节。当志愿者遇到自身能力无法解决的困难时，督导人员要及时给予指导和帮助，协助其走出困境。

3. 结束期的督导

在助老志愿服务活动的后期，督导人员的工作重点应转移到对助老服务志愿者的激励方面，通过与助老服务志愿者保持良好的沟通和互动，坚定他们的服务信念。最后对整个活动进行评估，督导人员有义务检验志愿者是否完成既定目标、服务期间的表现如何、组织是否按照原来的要求为志愿者提供支持等。

志愿者督导的方式也多种多样，常见的有个人面谈、小组督导、集体讨论、现场督导四种方法，在志愿服务实践过程中，各个组织可以根据实际情况，选择适合自己的志愿者督导方法。

二、助老服务志愿者的评估

在助老志愿服务开展过程及助老志愿服务结束之后，需要对助老服务志愿者的服务效果做出客观的评估，严格地讲，评估是督导过程的一部分，也是督导的延续，对志愿者积极性的保持非常关键。对助老服务志愿者的评估是指收集、分析、评价和传递有关助老服务志愿者在其志愿岗位上的表现和工作结果等方面的信息情况的过程。简单地说，就是对助老服务志愿者在助老志愿服务过程中对服务对象和志愿服务组织的贡献做出评价的过程。

对助老服务志愿者的评估可分为非正式评估和正式评估两种，非正式的评估是指不间断地对助老服务志愿者的行为提供反馈，包括表扬助老服务志愿者的行为并鼓励其保持；对助老服务志愿者行为的偏差提出建议；询问助老志愿服务进展如何；访问助老志愿服务对象，并把意见反馈给志愿者；与助老服务志愿者一起研讨解决问题的思路等。非正式评估基本上是一个激励的过程，对助老服务志愿者的影响很大。正式评估是在助老服务项目结束后，对助老服务志愿者的工作进行正式鉴定，对助老服务志愿者的优缺点进行记录和评价。

第六节　助老服务志愿者的保障与激励

※

一、助老服务志愿者的保障

助老服务志愿者保障一般指助老服务志愿者权益保障，是指为保障助老服务志愿者工作有序开展，助老志愿服务组织根据本组织的情况，对助老服务志愿者的权利与义务、奖励与惩罚等做出的具体规定。为了创造有利于志愿服务的组织环境，需要组织在政策、资金和人力资源等方面做出安排和保障。

根据国务院《志愿服务条例》《中国注册志愿者管理办法》以及志愿服务相关政策法规，我国的志愿者合法权益主要包括以下三种：

（一）基本权利

①参与志愿服务的权利；

②获得尊重的权利；

③知情权；

④获得人身、财产保障的权利；

⑤合理服务时间的权利；

⑥获得培训的权利；

⑦请求解决纠纷、争议的权利；

⑧监督建议权；

⑨退出志愿服务组织和志愿服务活动的权利。

（二）基本权益

在参与志愿服务的过程中，志愿者具有维持其生存和正常生活、促进个人发展等一系列的资源和条件的利益诉求，如获得适当的补贴，志愿者在升学、积分入户、工作晋升中获得加分或优先考虑等政策性优惠。

（三）其他权利与权益

除了上述权益外，志愿者还拥有其他权利和权益。如拒绝的权利，如果志愿服务组织或服务对象借助无偿服务这一资源，任意安排或使用志愿者，提出超出其服务范围的要求，或该项志愿者活动可能影响志愿者自身工作、生活时，志愿者有拒绝的权利。

为达到规范助老服务志愿者的行为、提高服务质量、为助老服务志愿者积极参与助老服务清除障碍并建立保障的目标，助老服务志愿者保障工作一般从以下五个方面入手：

法律保护：即完善相关的法律法规，在法律保护下构建助老服务志愿者、助老志愿服务组织以及助老志愿服务对象的三方纠纷处理机制，明确志愿者的权利、义务与法律地位。

技能培训：即开展帮助助老服务志愿者提高技能和掌握新技能的培训，为助老服务志愿者提供学习更多专业知识和技能的机会。

健康和安全保障：助老服务志愿者在提供助老服务的过程中，可能会遇到与人身健康与安全相关的各种问题，因此助老志愿服务组织应该为助老服务志愿者购买相应的保险，建立起较为完善的助老服务志愿者安全管理制度。

物质保障：助老服务志愿者通常由于参与助老志愿服务而加重生活负担，此时为助老服务志愿者提供合理、必要的资金支持不仅为他们参与助老志愿服务提供了方便，同时也保护了助老服务志愿者的服务热情。

志愿者个人发展的支持机制：为助老服务志愿者构建良好的个人发展支持机制，可以吸引更多的人投身于助老志愿服务事业中，提升助老志愿服务的社会影响力。

二、助老服务志愿者的激励

回顾一下我国助老服务志愿事业的发展历程，激励机制的发展与完善也是非常重要的。虽然助老服务志愿者的行动源于奉献和爱心的精神，但是平心而论，极少有志愿者能够仅仅凭一腔激情和拳拳爱心就能一直坚持到底。因为作为一名助老服务志愿者，也有各方面的需求要得到满足，例如：需要得到志愿服务组织和同伴的认同，需要增强自己对所从事的助老志愿活动的信心，需要增加对自我价值的认同。因此，志愿服务组织必须通过探索和建立有效的激励模式，维持助老服务志愿者的热情。

志愿者激励是指志愿服务组织以及社会其他部门根据志愿服务评估结果，根据志愿者的需求、服务绩效和组织目标要求，设计出适当的激励形式和工作环境，通过一定的措施，借助信息沟通来激发、引导、保持和规划志愿者的行为，以有效地实现志愿服务组织及其志愿者在社会价值中的系统活动。简单来说，志愿者激励就是通过调整外因来调动内因，从而使志愿者的行为向预期的方向发展的过程。

（一）助老服务志愿者激励的必要性

1. 助老志愿服务的无偿性

由于助老志愿服务是建立在自发、自愿的基础上，志愿服务组织对于志愿者的约束性不那么强，志愿者的自主性比较强，因此志愿服务组织必须善于了解志愿者的参与动机，采取有效的激励方式和机制，让助老服务志愿者在志愿服务过程中实现自己的价值，更好地提供助老服务。

2. 助老服务志愿者参与动机的多样性

助老服务志愿者参与助老志愿服务的动机不尽相同，因此，要让这些动机各异的助老服务志愿者完成他们的服务工作，就要求志愿服务组织从志愿者的不同动机和需求出发，制订相应的激励计划，调动志愿者服务的积极性。

3. 助老服务志愿者构成人员的多样性

助老志愿者在年龄、职业、性别、爱好等方面各有不同，但在参与志愿服务时需要团结在一起完成任务，这就要求志愿服务组织采取有效的精神激励措施，发挥助老服务志愿者自身的组织力，加强团队建设，提升团队凝聚力，以提供更加优质的助老志愿服务。

（二）助老服务志愿者激励的方式

助老服务志愿者的激励方式一般分为物质激励和精神激励。

1. 物质激励

物质激励即运用物质的手段使助老服务志愿者得到物质上的满足，从而进一步调动其志愿服务的积极性、主动性和创造性。例如：为志愿者提供交通费、工作餐、发放赞助补贴等。

2. 精神激励

精神激励属于内在性激励，被认为是激励助老服务志愿者的主要方式。精神激励可以满足助老服务志愿者自我实现的需要，其自我实现的需要主要包括成就感、挑战性工作、成长和发展的机会、给予社会认可和奖励等。

常见的精神激励方法有目标激励、机会激励、情感激励、信任激励、心智激励、社会激励和自我激励。

（三）助老服务志愿者的激励机制

一般来说对于助老服务志愿者的激励机制分为志愿组织激励机制与社会激励机制两种。组织激励机制是指由助老志愿服务组织向助老服务志愿者提供的福利和奖励。奖励措施包括颁发证书、纪念品、召开年度表扬大会等，这些都代表了组织对于助老服务志愿者的重视程度，都可以用来认可志愿者的工作和贡献。

但是如果只有志愿组织的激励而没有社会的激励，志愿服务活动也很难持续健康的发展。针对助老服务志愿者的社会激励机制，主要有物质激励和精神激励两大类，精神激励目前已经比较普遍，但在物质激励的建设方面相对就比较缓慢。

（四）助老志愿者激励的特点和注意事项

助老服务志愿者作为一种特殊的人力资源，与一般经济组织中的人力资源显著不同，集中体现在以下三点：

①更加注重精神激励；

②更加注重激励方式的灵活性和层次性；

③更加强调组织价值体系和使命感。

在助老服务志愿者激励过程中，要注意以下五个方面的内容：

①激励作用的辐射性，即激励要起到吸引人、留住人、扩充队伍的作用；

②激励措施要尽可能的具有实践性和可操作性；

③制定的激励措施要有普适性，即所有的助老服务志愿者都可以享受到激励措施带来的利益；

④志愿者又有是否接受激励的决定权，对于各种激励，志愿者有权选择是否接受；

⑤激励的及时性，如果在助老志愿者从事志愿服务很久以后才给予激励，则激励所起的作用会大打折扣。

实例分享7-1

苏州大学“红太阳”爱老志愿服务队

为深入贯彻习近平新时代中国特色社会主义思想，推进立德树人工作，引导学生培育和践行社会主义核心价值观，进一步弘中华民族敬老爱幼、尊师爱生的优良传统，发挥党员的先锋模范作用，优化关心下一代工作，特成立“红太阳”爱老志愿服务队。“红太阳”爱老志愿服务队是由学院学生党员和入党积极分子组成的以学院退休教师为志愿服务对象的学生群众性志愿者组织。具体如下：

一、组织管理

1.“红太阳”爱老志愿服务队，受学院关工委、团委的指导，学院团委书记任指导老师；

2.“红太阳”爱老志愿服务队设队长1名、副队长2名，队员若干。

二、服务对象

1.苏州大学纺织与服装工程学院退休教师；

2.身体有疾病或失独教师中有服务需求者；

3.居住场所与苏州大学北校区的距离适中。（公交车单程时间在60分钟以内者）

三、服务内容

1.技能指导；

2.情感陪伴；

3.生活帮扶。

四、服务要求

1.精准服务：针对单个退休教师（家庭）的实际需求，开展志愿服务；

2.组队服务：组队开展服务活动，每个小组3人，其中男生不少于1人，女生不少于1人；

3. 阶段服务：服务以活动实施时间内为主，单个服务小组，每学期定向开展服务2–3次，单次服务时间约1.5小时（不包含在途时间）；

4.规范服务：服务小组开展服务要遵循预约制度、汇报制度和记录制度。预约制度即活动开展前向服务对象预约；汇报制度即活动当天，事前、事后向服务队队长报备；记录制度即活动开展过程中及之后，及时记录服务内容、工作体会等。服务以不给服务对象增添麻烦为原则，不得在服务对象家吃饭、住宿，更不允许收取服务对象的费用。

五、志愿者招募

1.每年3月和9月统一招募志愿者，志愿者服务周期为一学期，原则上不得中途退出；

2.“红太阳”爱老志愿服务队成员须为中共党员或入党积极分子。

六、经费支持

活动组织、开展过程中所需的办公用品、室内交通、文印等费用，由学院承担。

七、志愿服务手册

服务对象信息

姓名		出生年月	
性别		联系方式	
民族		病史	
家庭住址			
备注			

志愿者信息（组长）

姓名			
学号			
性别			
民族			
班级			
联系方式			

志愿者信息（组员）

姓名			
学号			
性别			
民族			
班级			
联系方式			

志愿者服务记录表（一）

时间		地点	
内容			
记录：			
感想、建议等：			

志愿者服务记录表（二）

服务时间	
评价	
评语：	
感想、建议等：	

思考与讨论

1. 简述助老服务志愿者管理的含义及其特点。
2. 结合实践经验，谈谈为什么要进行助老服务志愿者管理。
3. 简述助老服务志愿者的培训内容。
4. 对助老服务志愿者的激励措施有哪些？

参考文献

[1]许莲丽.新时代中国志愿服务理论与实践的新探索[M].北京：人民出版社，2018.

[2]北京志愿服务发展研究会.中国志愿服务大辞典[M].北京：中国大百科全书出版社，2014.

[3]徐中振.志愿服务与社区发展[M].上海：上海三联书店，1998.

[4]邬沧萍.社会老年学[M].北京：中国人民大学出版社，1999.

[5]姚蕾.老年人服务与概论管理[M].北京：清华大学出版社，2018.

[6]张文娟.老龄工作管理[M].北京：中国人民大学出版社，2017.

[7][美]N.R.霍曼，H.A.基亚克.社会老年学——多学科展望[M].北京：社会科学文献出版社，1992.

[8]阎青春.社会福利与弱势群体[M].北京：中国社会科学出版社，2002.

[9]王树新.老年社会工作[M].北京：中国劳动社会保障出版社，2007.

[10]章晓懿.社会保障概论[M].上海：上海交通大学出版社，2010.

[11]彭华民.人类行为与社会环境[M].北京：高等教育出版社，2014.

[12]梅陈玉婵，齐铱，徐永德.老年社会工作[M].上海：上海人民出版社，2009.

[13]王忠平，沈立伟.志愿服务组织建设与项目管理[M].北京:中国人民大学出版社，2018.

[14]唐树森.志愿服务事业项目化管理研究与应用[D].重庆：重庆大学，2009：32.

[15]佘双好.志愿服务概论[M].武汉:武汉大学出版社，2013.

[16]陈伟明，王骏. 开展政府购买服务绩效评价的探讨[J].中国财政，

2014(06).

[17]张钟汝，顾青.助老服务志愿者手册[M].北京:中国社会出版社，2008.

[18]周东立.我国志愿服务的发展及其价值研究[D].北京:首都师范大学，2008.

[19]韩振秋，孟令君.略论大学生助老志愿服务路径实现的机制保障[J].广东青年职业学院学报，2017(3).

[20]魏娜.志愿服务概论[M].北京:中国人民大学出版社，2018.

[21]全国社会工作者职业水平考试教材编写组.社会工作综合能力（中级）[M].北京:中国社会出版社，2017.

后 记

※

党的十八大以来，广大志愿者、志愿服务组织、志愿服务工作者积极响应党和人民号召，弘扬和践行社会主义核心价值观，走进社区、走进乡村、走进基层，为他人送温暖、为社会作贡献，充分彰显了理想信念、爱心善意、责任担当，是人民有信仰、国家有力量、民族有希望的生动体现。而在志愿服务中，助老志愿服务占据较大比例，主要原因有二，其一是尊老敬老、关心老人是中华民族的传统美德；其二是人口老龄化和社会快速发展，助老服务需求日益增多。编写本书，是希望向读者系统介绍助老志愿服务的概念、方法与技巧、组织与管理，帮助读者更深入地了解助老志愿服务，更积极地参与到助老志愿服务的事业中来。

本书的撰写中，得到了苏州大学纺织与服装工程学院肖甫青老师、社会学院宗琦老师的帮助，还得到了团队成员宋耀萌、石洋洋、张传明等同学的大力支持，在此表示感谢！本书参考、借鉴了许莲丽等专家的部分研究成果和中国文明网等网站的志愿服务案例，在此表示感谢！

由于撰写时间紧迫、团队研究能力有限，本书中仍存在不足之处，还请广大读者谅解！